NOUVEAUX ÉLÉMENTS

DE GRAMMAIRE.

Autres ouvrages d'Instruction du même auteur.

TABLEAUX DE LECTURE, *seuls* ADOPTÉS, *après concours public*, par la Société pour l'instruction élémentaire, par le ministre de la guerre, et approuvés par le *Conseil royal de l'Instruction publique* (46 tableaux). . . . . 1 fr. 25 c.

LE MÊME OUVRAGE. 1 vol. in-12 (9e édition). . . . . . 50 c.

NOUVEAU SYLLABAIRE, *ouvrage approuvé par le Conseil royal de l'Instruction publique*, et mis en rapport avec les tableaux de lecture. Le cent. . . . . 6 fr.

SCRIPTOLÉGIE, OU LA **LECTURE** PAR **L'ÉCRITURE**. (*Cet ouvrage, adopté par le Conseil royal de l'Instruction publique, et imprimé en beaux caractères d'écriture cursive, est applicable à tous les modes d'enseignement.*) 1 vol. in-8. . . . 1 fr. 50 c.

NOUVEAUX TABLEAUX DE GRAMMAIRE, *adoptés par le Comité central d'instruction primaire du département de la Seine et par plusieurs autres comités supérieurs* (48 tableaux, avec les exercices et le questionnaire) . . . . 5 fr.

ÉLÉMENTS DE LA GRAMMAIRE FRANÇAISE, par Lhomond, corrigés, annotés et enrichis, *pour la première fois*, de dictées analytiques et orthographiques en regard du texte. (*Ouvrage adopté par le Conseil royal de l'Instruction publique.*) 13e édition, br. . . . . 50 c.

DICTÉES ANALYTIQUES ET **ORTHOGRAPHIQUES**, en concordance avec la grammaire. 1 vol. in-12, cart. . . . . 1 fr.

DICTIONNAIRE ABRÉGÉ DES INVENTIONS ET DES DÉCOUVERTES DANS LES SCIENCES ET DANS LES ARTS. 2 vol. in-18, brochés en seul. . . . . 1 fr.

NOUVEAU DICTIONNAIRE DE POCHE DE LA LANGUE FRANÇAISE, revu sur la *dernière* édition du dictionnaire de l'Académie française. 1 vol. in-32 de 600 pages. . . . 75 c.

DOCTRINA MORALIS, SEU **SELECTARUM HISTORIARUM EPITOME**, avec un Dictionnaire des mots et un Dictionnaire des personnages et des lieux. (*Ouvrage approuvé par le Conseil royal de l'Instruction publique pour les classes élémentaires, par Mgr. l'Archevêque de Paris et par plusieurs autres prélats.*) 1 fr.

PARIS. — IMPRIMÉ PAR E. THUNOT ET Ce, 28, RUE RACINE, PRÈS DE L'ODÉON.

NOUVEAUX ÉLÉMENTS
DE
GRAMMAIRE
EN
QUARANTE-HUIT LEÇONS.

PAR M.-A. PEIGNÉ,
Président de la Société Grammaticale de Paris.

OUVRAGE ADOPTÉ PAR LE COMITÉ CENTRAL D'INSTRUCTION PRIMAIRE
DU DÉPARTEMENT DE LA SEINE,
ET PAR PLUSIEURS AUTRES COMITÉS SUPÉRIEURS.

NOUVELLE ÉDITION,
REVUE ET CORRIGÉE AVEC LE PLUS GRAND SOIN.

PARIS.
LANGLOIS ET LECLERCQ, LIBRAIRES,
RUE DE LA HARPE, 81.
1849

INSTRUCTION PRÉLIMINAIRE

DE LA PREMIÈRE ÉDITION.

Voici de nouveaux *Éléments de Grammaire*. — Il n'est pas hors de propos de faire remarquer d'abord que ce livre est la reproduction fidèle des *Tableaux* que j'ai publiés à l'usage des écoles d'enseignement mutuel.

Toutefois, dans mes tableaux, j'ai pu donner synoptiquement les trois *procédés*, c'est-à-dire les trois parties dont se compose chaque leçon. Ici, j'ai été obligé d'adopter une autre disposition : ainsi, je présente sur la page, côté de gauche, ce qu'on doit faire lire ou apprendre à l'élève ; en regard se trouvent les *exercices :* quant au *questionnaire*, au moyen duquel le maître s'assure si la leçon a été bien comprise, j'ai dû le rejeter à la fin de chaque classe.

Distribution. — L'ouvrage a deux parties bien distinctes : *Orthographie* et *Orthologie*. Chacune de ces parties comprend quatre classes. Chaque classe se compose de *six leçons* : la sixième leçon est le résumé des cinq autres.

Ce même nombre de leçons par classe a un avantage facile à comprendre. Le maître devant procéder assez fréquemment à un examen général, destiné à constater les progrès des élèves et à les faire passer, s'il y a lieu, dans une classe supérieure, il fallait que les *nouveaux* et les *vétérans* de la même classe pussent, après l'examen, être placés au même point de départ.

Il n'est pas aussi facile qu'on pourrait le croire de

resserrer un ouvrage dans des proportions données, et de le réduire ainsi à une question de chiffres; il n'est pas facile non plus de diviser son travail de telle sorte, non seulement que six leçons offrent un tout complet, mais encore que chaque leçon en particulier remplisse cette condition. J'aime à croire qu'on voudra bien me tenir compte de ces difficultés, ainsi que des exigences typographiques auxquelles j'ai dû me conformer.

Principes. — Je me suis borné aux *éléments* de la grammaire; mais si, d'une part, j'ai voulu que mon ouvrage ne servît qu'à une étude préparatoire, sorte d'introduction au moyen de laquelle l'élève pût pénétrer plus tard dans les abstractions de la science grammaticale, j'ai voulu aussi qu'il n'ignorât aucune de ces règles fondamentales que viennent contredire malheureusement un si grand nombre de règles particulières. Quant aux définitions, je les ai formulées de telle sorte que, dans leur laconisme, elles sont pourtant d'une sévère exactitude, et que les termes de la rédaction peuvent être saisis par les plus faibles intelligences. J'ajouterai enfin que mon travail porte avec lui un caractère de *nouveauté;* car, si j'ai dû respecter certaines exceptions encore trop accréditées, j'en ai fait disparaître beaucoup. J'ai modifié la nomenclature dans quelques-unes de ses parties (1), sauf à changer bientôt d'autres dénominations aussi impropres que surannées, mais que j'ai maintenues pour ne fâcher personne. — Au lieu de quatre verbes *types*, je n'en ai admis que *trois*, la conjugaison en *oir* n'ayant

(1) Depuis lors, je me suis vu dans la *nécessité* de revenir aux anciennes dénominations. — Ce n'est pas ma faute.

qu'un seul verbe régulier (*pourvoir*). Je n'ai point fait mention des verbes passifs : à quoi bon ? *Je suis aimé* se conjugue-t-il autrement que *je suis poli* ? N'est-ce pas, dans les deux cas, le verbe *être*, plus un adjectif ? Pour ce qui est des *compléments*, je n'en reconnais qu'un en grammaire ; car ce qu'on a appelé jusqu'ici *complément indirect* est réellement le complément d'une préposition exprimée ou sous-entendue. Je mentionnerai enfin l'espèce d'artifice au moyen duquel on voit *si le participe passé doit s'accorder ou non.* J'espère qu'il réunira quelques suffrages.

Application. — 1ᵉʳ *Procédé* (lecture). Le maître fait lire et réciter un alinéa de la leçon à chaque élève, de telle sorte que, la lecture ou la récitation de la leçon étant achevée, ce ne soit jamais le même élève qui recommence.

2ᵉ *Procédé* (questionnaire). Il sera indispensable que le maître, après avoir fait la demande, lise *une première fois* la réponse *tout haut* : les élèves répéteront après lui. Cette précaution est d'autant plus nécessaire que les réponses ne sont pas toujours énoncées dans les mêmes termes que le texte de la leçon.

3ᵉ *Procédé* (exercice). Quoique j'aie eu soin de toujours indiquer au maître ce qu'il aura à faire, je dois dire ici que, toutes les fois qu'une phrase renferme une *faute*, le mot qui la suit entre parenthèses est la correction de cette faute. Il est bien entendu que le maître ne corrige lui-même que quand aucun élève n'a pu exécuter la correction. On remarquera encore que, *jusqu'à la* 19ᵉ *leçon*, LE MAÎTRE DOIT ÉCRIRE LUI-MÊME LA PHRASE, car l'élève, n'ayant point encore appris les principales parties du discours, ne pourrait pas écrire assez correctement sous la dictée.

Il eût été sans doute à desirer que les exercices fussent plus nombreux et plus variés; mais souvent l'espace m'a manqué pour cela (1): du moins mes phrases sont faites et choisies de manière qu'à leur utilité purement grammaticale, elles joignent presque toujours l'avantage d'éclairer l'esprit ou de former le cœur.

Je soumets avec confiance cette nouvelle production au jugement des instituteurs. Si ma *Méthode de lecture* a été honorée de leurs suffrages; s'ils ont bien voulu y reconnaître une marche rationnelle, une progression heureusement calculée; si enfin, à leurs yeux, je suis parvenu à débarrasser l'apprentissage de la lecture des principaux obstacles qui rendaient si lents les progrès des élèves, j'aime à croire que les maîtres rencontreront les mêmes avantages dans mes *Leçons de Grammaire*.

---

(1) Les *Dictées analytiques et orthographiques* que je viens de faire paraître, à la demande des instituteurs, suppléeront largement à cette insuffisance.

NOUVEAUX ÉLÉMENTS

DE GRAMMAIRE.

INTRODUCTION.

DE LA PAROLE.

a, é, i, o, u, eu, ou, an, in, on, un, oi.

Le SON VOCAL est un bruit qui frappe nos oreilles quand on parle. *a, é, i, o, u, eu, ou, an, in, on, un, oi,* sont des *sons.*

En-fants, ai-mez bien vo-tre pè-re et vo-tre mè-re.

Une SYLLABE est un son simple ou accompagné de quelque mouvement exécuté par l'un des organes de la parole. Il y a *quatorze* syllabes dans

En-fants, ai-mez bien vo-tre pè-re et vo-tre mè-re.

Admirez les ouvrages de Dieu.

Un MOT est un *tout* d'une seule syllabe ou de plusieurs. Il y a *cinq* mots dans *Admirez les ouvrages de Dieu.*

Rends le bien pour le mal.

Un mot d'une *seule* syllabe s'appèle MONOSYLLABE. *Rends le bien pour le mal* sont des *monosyllabes.*

La désobéissance est une marque d'ingratitude.

Un mot de *plusieurs syllabes* s'appèle POLYSYLLABE. *Désobéissance* et *ingratitude* sont des *polysyllabes.*

La reconnaissance est la mémoire du cœur.

Une PHRASE ou PROPOSITION est une réunion de *mots* formant un sens complet, comme dans l'exemple ci-dessus.

DE L'ÉCRITURE.

a, b, c, d, e, f, g, h, i, j, k, l, m, n, o, p, q, r, s, t, u, v, x, y, z.

Les LETTRES sont des *signes* qui représentent les sons et les mouvements : *a, b, c,* etc., sont des *lettres.*

a, e, é, è, i, o, u, eu, ou, oi.

Les lettres représentant les *sons* s'appèlent SONS. *a, e, é, è, i, o, u,* sont des *sons.*

b p, g q, d t, v f, z s, j ch, m, n, l, r, q, k, x.
be pe, gue que, de te, ve fe, ze se, je che, me, ne, le, re, qu, ka, cse.

Les lettres qui représentent les *mouvements* s'appèlent ARTICULATIONS : *b, p, g, q,* etc., sont des *articulations.*

(*Voyez le* QUESTIONNAIRE, *p.* 22.)

INTRODUCTION.

DE LA PAROLE.

(Faites souligner les SONS.)

Il y a *plus* de *cou ra ge* et *de di gni té* à *re co nnaî tre* u ne *fau te* et à la *ré pa rer* qu'à *bra ver* u *ne pu ni tion*.

(Faites séparer les SYLLABES.)

Le | tra | vail | seul | con | duit | à | la | pro | spé | ri | té.

Par | men | tier | a | ren | du | un | grand | ser | vi | ce | à | la Fran | ce. | Nous | lui | de | vons | la | cul | tu | re | de | la | po | mme | de | ter | re.

(Demandez le NOMBRE *de mots.)*

Tout est à charge aux paresseux. (6 *mots.*)
Le plus léger fardeau leur est insupportable. (7 *mots.*)
Partout la civilisation a marché sur les pas de l'Évangile. (10 *mots*.)

(Faites souligner les MONOSYLLABES.)

Le peureux ***est*** comme ***le*** lièvre ***qui a peur de*** l'ombre ***de ses*** oreilles : une feuille ***qui*** tombe ***le fait fuir.***

(Faites souligner les POLYSYLLABES.)

La *calomnie* ne peut rien *contre* la *vertu*.
On n'*obtient jamais* rien sans l'*avoir mérité*.

(Faites séparer les TROIS PHRASES *de ce petit conte.)*

Un petit chien était si méchant que, lorsque sa mère venait l'allaiter, il la mordait jusqu'au sang. | Qu'en arriva-t-il? | Le méchant animal fut abandonné et mourut de faim.

DE L'ÉCRITURE.

(Faites souligner les SONS.)

Le livre qui plaît le plus n'est pas toujours le plus utile.
Si tu veux qu'une chose soit secrète, ne la dis pas.
Si je vais à Rome, j'irai voir le Capitole.

(Faites souligner les ARTICULATIONS.)

La loi chrétienne est une loi juste, raisonnable, une loi conforme à la règle universelle.

Jésus-Christ mourut pour rendre témoignage à la vérité.

PARTIES DU DISCOURS.

§ 1. DU SUBSTANTIF.

La *lune* **est plus près de la** *terre* **que le** *soleil.*
La *vertu* **est ce qui est bien, le** *vice* **est ce qui est mal.**

RÈGLE. — Le SUBSTANTIF exprime tout ce qui existe dans la nature ou dans notre esprit.

La *terre*, le *soleil*, la *lune* existent dans la nature.

La *vertu*, le *vice* existent dans notre esprit.

Ces cinq mots sont donc des *substantifs.*

RÈGLE. — On reconnaît qu'un mot est substantif lorsqu'on peut mettre *le* ou *la*, *un* ou *une* devant ce mot.

On peut dire : LA *terre*, LE *soleil*, LA *lune.*

On peut dire : UNE *vertu*, UN *vice.*

Terre, *soleil*, *lune*, *vertu*, *vice* sont donc des *substantifs.*

§ 2. DE L'ADJECTIF.

Les biens sont *incertains*, **les maux sont** *véritables.*

RÈGLE. — L'ADJECTIF exprime la *qualité* du substantif.

Incertains exprime la qualité des biens.

Véritables exprime la qualité des maux.

Incertains et *véritables* sont donc des *adjectifs.*

Ne dérobe jamais *le* **bien de** *ton* **prochain.**

RÈGLE. — Il y a aussi des adjectifs qui déterminent la *signification* du substantif.

Le détermine la signification de *bien* (c'est UN bien et non tous les biens).

Ton détermine la signification de *prochain* (c'est TON prochain et non un autre) :

Le et *ton* sont donc aussi des adjectifs.

RÈGLE. — L'adjectif qui exprime la *qualité* s'appèle QUALIFICATIF.

L'adjectif qui *détermine* la signification s'appèle DÉTERMINATIF.

Une faute *légère*, **une parole** *indiscrète* **font souvent une blessure** *profonde.*

RÈGLE. — Tous les mots devant lesquels on peut mettre *personne* ou *chose* sont des adjectifs.

On peut dire PERSONNE *légère*, *indiscrète ;*

On peut dire CHOSE *profonde.*

Légère, *indiscrète*, *profonde* sont donc des *adjectifs.*

(*Voyez le* QUESTIONNAIRE, *p.* 23.)

PARTIES DU DISCOURS.

§ 1. DU SUBSTANTIF.

(*Faites souligner les* SUBSTANTIFS.)

Un bon *cœur* n'écoute pas la *médisance*.

Les *menteurs* se font une *habitude* du *jurement*.

On connaît le véritable *ami* dans le *besoin*.

La *terre* fait le *tour* du *soleil* en 365 *jours*.

La *politesse*, la *complaisance*, la *docilité* et la *modestie* font aimer les *enfants*.

La *France* est un des plus beaux *pays* du *monde*:
Elle n'a point les *brouillards* de l'*Angleterre*,
Ni l'*air* épais de la *Hollande*,
Ni les *tremblements* de *terre* de l'*Italie*.

§ 2. DE L'ADJECTIF.

(*Ne faites souligner que les* QUALIFICATIFS.)

Un enfant *sage* et *laborieux* est aimé de tout le monde.

Ce n'est que par un travail *assidu*, *constant* et *opiniâtre* que l'on devient *savant*.

Une vie *sobre*, *modérée*, *simple* et *laborieuse* entretient la santé.

Il y a de *mauvais* exemples qui sont *pires* que les crimes.

(*Faites souligner aussi les* DÉTERMINATIFS.)

Les droits *sacrés* de *l'*amitié sont *inviolables*. (*L'amitié* pour LA *amitié*.)

La pauvreté est souvent moins *funeste* que *les* richesses.

La vertu lie *les* hommes en leur inspirant *une* confiance *réciproque*.

Le Français est *vif*, *enjoué*, *inconstant*, *honnête*, *bon*, *hardi* et très *susceptible*.

Les Italiens sont *graves*, *prudents*, mais un peu *vindicatifs*.

Un juge doit être *intègre*, *instruit* et *désintéressé*.

Un ami *discret*, *sincère* et *prévenant* est *rare*.

La tendre amitié rend *la* prospérité plus *complète* et *les* malheurs plus *supportables*.

Les grandes vérités *morales* remplissent *notre* ame de sentiments *généreux*.

Certaines villes, autrefois *contigües* à *la* mer, en sont aujourd'hui très *éloignées*.

Les loups, *lâches* et *craintifs* deviènent *hardis* et *féroces* par nécessité.

La lecture de *bons* livres doit être *votre* récréation *favorite*.

§ 3. DU PRONOM.

Le soleil éclaire le monde ; *il* échauffe la terre ; *il* la féconde.

RÈGLE. — Le PRONOM est un mot qui rappèle l'idée du substantif ; ou bien, il remplace le substantif que l'on ne veut pas répéter.

Ainsi, au lieu de dire

Le SOLEIL *éclaire*, *le* SOLEIL *échauffe*, le SOLEIL *féconde*, on dit

Le SOLEIL *éclaire*, IL *échauffe*, IL *féconde*.

Le mot *il* est donc un *pronom*, puisqu'il remplace le substantif *soleil*.

Le cheval connaît son maître ; *il* le suit.

RÈGLE. — Tous les mots que l'on peut remplacer par un substantif déjà exprimé sont des *pronoms*,

Ainsi, au lieu de dire

Le CHEVAL *connaît son maître* ; IL LE *suit*,

On pourrait dire

Le CHEVAL *connaît son* MAÎTRE ; *le* CHEVAL *suit son* MAÎTRE :

Les mots *il* et *le* sont donc des *pronoms*.

§ 4. DU VERBE.

La terre *est* ronde : elle *tourne* sans cesse.

RÈGLE. — Le VERBE est un mot qui affirme l'*existence* ou une *action*.

Le mot *est* exprime l'*existence* (ÊTRE *ronde*) ;

Le mot *tourne* exprime une *action* (celle de *tourner*) :

Est, *tourne*, sont donc des *verbes*.

Tout l'esprit du monde ne *saurait faire excuser* une méchanceté.

RÈGLE. — Tous les mots devant lesquels on peut mettre *je*, *tu*, *il*, *nous*, *vous*, *ils*, avec un changement de terminaison, sont des *verbes*.

On peut dire

JE *saurais*, TU *saurais*, IL *saurait* ;

JE *fais*, TU *fais*, IL *fait* ;

NOUS *excusons*, VOUS *excusez*, ILS *excusent* :

Saurait, *faire*, *excuser*, sont donc des *verbes*.

(*Voyez le* QUESTIONNAIRE, *p.* 24.)

§ 3. DU PRONOM.

(*Faites souligner les* PRONOMS.)

Vous vous réjouirez plus tard d'avoir suivi les conseils *que je vous* donne aujourd'hui.

Mon fils, mon amitié pour *toi me* porte à *te* dire :

Évite *ce qui* peut *te* nuire et *te* rendre désagréable aux yeux des autres.

Fais aux autres *ce que tu* voudrais qu'*ils* fissent pour *toi*.

Ne *leur* fais pas *ce que tu* ne voudrais pas qu'*ils te* fissent.

Si *tu* as un véritable ami, tâche de *le* conserver.

Je te promets de grandes jouissances, si *tu* as le goût du travail.

Un jeune singe trouva une noix *qui* était encore couverte de son écorce.

Il se mit à *la* mordre pour *la* dépouiller ;

Mais l'amertume de ce fruit *lui* fit faire d'horribles grimaces.

Il allait *la* jeter, lorsque sa mère, *qui* avait de l'expérience, *lui* dit :

Mon fils, ne *te* décourage pas : casse la noix, et *tu* y trouveras une amande délicieuse *qui te* paiera de ta constance.

Cette fable *nous* apprend que *nous* ne devons pas *nous* laisser rebuter par les premières difficultés de l'étude.

§ 4. DU VERBE.

(*Faites souligner les* VERBES.)

Un laboureur *ramassa* dans la neige une couleuvre engourdie par le froid. (ACTION de *ramasser*.)

Il l'*emporta* dans sa chaumière.

Il la *mit* près du feu, et la *rappela* ainsi à la vie.

Quand elle *eut recouvré* ses forces, elle s'*élança* sur le laboureur.

Méchante, lui *dit*-il, voilà donc comme tu me *remercies* !

Aussitôt il la *tua* d'un coup de hache.

Si tu *achètes* le superflu, tu *vendras* bientôt le nécessaire.

Celui qui ne *rougit* pas devant lui-même *cessera* de *rougir* devant les autres.

On *menaçait* un soldat d'une nuée de flèches ;

Tant mieux, *dit*-il, nous *combattrons* à l'ombre.

On *fauche* les prés au mois de juin et au mois de juillet.

On *moissonne* au mois d'août, et l'on *vendange* au mois d'octobre.

Quand un coupable *échapperait* au châtiment, il n'*échapperait* pas aux remords.

§ 5. DE L'ADVERBE.

Il faut *toujours* **parler** *poliment.*
Le travail est *souvent* **le père du plaisir.**

RÈGLE — L'ADVERBE est un mot qui ajoute une idée de temps, de lieu, de manière, etc., au mot auquel il est joint.

Toujours ajoute au verbe *il faut* une idée de *temps.*
Poliment ajoute au verbe *parler* une idée de *manière;*
Souvent ajoute au verbe *est* une idée de *temps :*
Toujours, *poliment*, *souvent* sont donc des *adverbes.*

On a *souvent* **besoin d'un plus petit que soi.**

RÈGLE — Tous les mots qui répondent à l'une des interrogations, *où*, *quand*, *combien*, *comment* sont des *adverbes.*

On peut demander :
QUAND *a t-on besoin d'un plus petit que soi ?*
La réponse est SOUVENT :
Souvent est donc un *adverbe.*

§ 6. DE LA PRÉPOSITION.

Préférez l'utile *à* **l'agréable.— Soyez polis** *avec* **tout le monde.**

RÈGLE. — La PRÉPOSITION sert à unir deux mots pour établir un rapport entre eux.

La préposition *à* unit les deux mots *l'utile* et *l'agréable;*
La préposition *avec* unit les mots *poli* et *tout le monde :*
Les mots *à* et *avec* sont donc des *prépositions.*

Travaillez *avec* **attention, et ne sortez pas** *malgré* **moi.**

RÈGLE. — Tous les mots qui ne sont pas verbes, et après lesquels on peut mettre *qui* et *quoi* sont des *prépositions.*

On peut dire : *Travaillez avec* QUOI ?
La réponse est AVEC *attention.*
On peut dire : *Ne sortez pas malgré* QUI ?
La réponse est MALGRÉ *moi :*
Avec, *malgré* sont donc des *prépositions.*

(*Voyez le* QUESTIONNAIRE, *p.* 25.)

§ 5. DE L'ADVERBE.

(*Faites soulignez les* ADVERBES.)

Le mensonge est *toujours* une lâcheté. (Idée de *temps.*)

On ne doit donc *jamais* mentir. (Idée de *temps.*)

On paie *bien cher* la désobéissance. (Idée de *quantité.*)

Répondez *respectueusement* (Idée de *manière.*)

L'homme est sujet à suivre *aveuglément* son amour-propre. (Idée de *manière.*)

La glace ne se forme *jamais* dans les fontaines d'eau vive. (Idée de *temps.*)

Vous devez être *continuellement* en garde contre vous-mêmes. (Idée de *temps.*)

On ne trouve *guère* d'ingrats tant qu'on est en état de faire du bien. (COMBIEN trouve-t-on ?)

Le pauvre n'est pas celui qui a *peu.* (COMBIEN a-t-il ?)

Celui qui desire *beaucoup.* (COMBIEN desire-t-il ?)

Celui qui juge *précipitamment* juge *ordinairement mal.* (COMMENT juge-t-il ? QUAND juge-t-il ?)

On a cru *fort longtemps* que la terre était immobile, et que le soleil tournait autour d'elle. (COMBIEN de temps a-t-on cru ?)

§ 6. DE LA PRÉPOSITION.

(*Faites souligner les* PRÉPOSITIONS.)

L'Oise prend sa source *dans* la forêt de Saint-Michel, *dans* l'arrondissement *de* Vervins, *près de* la frontière belge.

Laon est situé *sur* une haute montagne.

Le froid règne *dans* les lieux situés *vers* le Nord.

Londres, capitale *de* l'Angleterre, fut brûlée *en* 1666.

La France a 97 myriamètres *en* longueur et 107 myriamètres *en* largeur.

Les Pyrénées séparent la France *de* l'Espagne.

Les Alpes la séparent *de* l'Italie.

Conduisez-vous *d'après* mes avis. (*D'après* QUOI ?)

Rien n'est affreux comme l'ingratitude *envers* les parents. (*Envers* QUI ?)

Le sage se conduit *selon* les maximes *de* la raison. (*Selon* QUOI ? *De* QUOI ?)

Le travail est un remède *contre* l'indigence. (*Contre* QUOI ?)

L'étude *de* la grammaire est utile *à* tout le monde. (*De* QUOI ? *A* QUI ?)

L'aimant se tourne *vers* le Nord. (*Vers* QUOI ?)

Les hommes sont nés *pour* vivre *en* société. (*Pour* QUOI ? *En* QUOI ?)

§ 7. LA CONJONCTION.

La vertu *et* **la science sont deux choses bien estimables.**
Fuyez l'oisiveté; *car* **elle est la mère de tous les vices.**

RÈGLE. — La CONJONCTION sert à lier un mot à un autre mot, ou une proposition à une autre proposition.

Et lie *la vertu* à *la science.*

Car lie la première proposition *Fuyez l'oisiveté* à la deuxième *Elle est la source de tous les vices.*

Et, car sont donc des *conjonctions.*

Travaille avec courage *si* **tu veux acquérir des talents.**

RÈGLE. — On reconnaît qu'un mot est *conjonction* 1° lorsque ce mot est *invariable;* 2° lorsqu'il n'est ni adverbe ni préposition.

Si est *invariable;* il n'est pas *adverbe,* car il ne répond à aucune des questions *où, quand, combien, comment;* il n'est pas non plus *préposition,* car on ne peut pas dire *si* QUI? *si* QUOI?

Si est donc une *conjonction.*

§ 8. DE L'INTERJECTION.

Oh! **je vous en prie, ne dites du mal de personne.**
Eh! **qui n'a pas pleuré quelque perte cruelle?**

RÈGLE. — L'INTERJECTION exprime un mouvement subit de l'ame, comme la joie, la douleur, la prière, l'indignation, etc.

Oh! exprime ici la prière;

Eh! exprime ici la douleur, la plainte:

Oh! Eh! sont donc des *interjections.*

RÉSUMÉ. — Nous venons de voir qu'il y a *huit* espèces de mots: le *substantif,* l'*adjectif,* le *pronom,* le *verbe,* l'*adverbe,* la *préposition,* la *conjonction* et l'*interjection.*

Le *substantif,* l'*adjectif,* le *pronom,* le *verbe* sont *variables,* c'est-à-dire qu'ils peuvent subir des *changements* dans leur terminaison, selon certaines circonstances.

L'*adverbe,* la *préposition,* la *conjonction* et l'*interjection* sont *invariables.*

(*Voyez le* QUESTIONNAIRE, p. 26.)

§ 7. DE LA CONJONCTION.

(*Faites souligner les* CONJONCTIONS.)

La loi doit être la même pour tous, *soit qu*'elle protége, *soit qu*'elle punisse.

Il ne faut *ni* parler *ni* agir *dès qu*'on sent *que* l'on est en colère.

On fait des progrès rapides *lorsque* l'on a des dispositions *et que* l'on veut étudier.

Le soleil répand une chaleur douce *et* bienfesante.

La fortune donne de la fierté aux gens d'un petit esprit *ou* d'une sotte éducation.

On recherche les richesses : *néanmoins* on voit peu de riches heureux.

Tous les chrétiens croient en Dieu *et* à l'immortalité de l'ame.

Défiez-vous de la fortune, *car* elle est inconstante.

Il est plus beau de se vaincre soi-même *que* de vaincre ses ennemis.

La mort ne distingue *ni* les âges, *ni* les rangs, *ni* la fortune, *ni* la pauvreté.

De tout temps nous avons été dupes de l'intérêt *et* de la vanité.

§ 8. DE L'INTERJECTION.

(*Faites souligner les* INTERJECTIONS.)

Ah! que les criminels éprouvent de tourments!
Chut! ne dites de mal de personne.
Hélas! la vie passe comme un songe.
Fi! retirez-vous, menteur.
Eh! que sert d'amasser, si l'on ne veut jouir?
Oh! qu'elle est belle la morale que Jésus-Christ a prêchée!
Allons! défendons-nous, mais n'attaquons personne.
Silence! messieurs : on ne parle pas en classe.
O mon fils! *ô* ma joie! *ô* l'honneur de mes jours!
Holà! y a-t-il quelqu'un ici?
Le temps nous quitte, *hélas!* sans nous être rendu.
Fi! vous ne trouvez donc pas de plaisir à vous occuper?
Eh quoi! vous n'avez pas honte de votre paresse?
O mon fils, disait César à Brutus, tu veux m'assassiner!

RÉCAPITULATION.

Le SON est le bruit qui frappe nos oreilles quand on parle.

Une SYLLABE est un son simple ou accompagné de quelque *mouvement* exécuté par l'un des organes de la parole.

Un MOT est un *tout* d'une seule syllabe ou de plusieurs.

Un mot d'une *seule* syllabe est un MONOSYLLABE : les autres mot sont des POLYSYLLABES.

Une PHRASE, ou PROPOSITION, est une réunion de mots formant un sens complet.

Les LETTRES sont des *signes* qui représentent les *sons* et les *mouvements*.

Le SUBSTANTIF exprime tout ce qui existe dans la nature ou dans notre esprit.

Tous les mots devant lesquels on peut mettre *le* ou *la*, *un* ou *une* sont des *substantifs*.

L'ADJECTIF exprime la *qualité* du substantif, ou bien il en détermine la signification.

Tous les mots devant ou après lesquels on peut mettre *personne* ou *chose* sont des *adjectifs*.

Le PRONOM rappèle l'idée du substantif, ou bien il en tient la place.

Tous les mots que l'on peut remplacer par un substantif déjà exprimé sont des *pronoms*.

Le VERBE est un mot qui exprime l'*existence* ou une *action*.

Tous les mots devant lesquels on peut mettre *je*, *tu*, *il*, *nous*, *vous*, *ils*, avec un changement de terminaison, sont des *verbes*.

L'ADVERBE ajoute une idée de *temps*, de *lieu*, de *manière*, etc., à la signification du mot auquel il est joint.

Tous les mots qui répondent à l'une des questions *où*, *quand*, *combien*, *comment* sont des *adverbes*.

La PRÉPOSITION unit deux mots pour établir un rapport entre eux.

Tous les mots qui ne sont pas verbes, et après lesquels on peut mettre *qui* et *quoi*, sont des *prépositions*.

La CONJONCTION unit deux mots ou deux propositions.

Tous les mots *invariables*, qui ne sont ni adverbes, ni prépositions, ni interjections, sont des *conjonctions*.

L'INTERJECTION exprime un mouvement subit de l'âme, comme la joie, la douleur, la prière, etc.

(*Voyez le* QUESTIONNAIRE, *p.* 27.)

RÉCAPITULATION.

SONS. . . . . ***Tout le monde doit aimer la vérité.***

SYLLABES. . . Le | ba | ro | mè | tre | in | di | que | les | chan | ge | ments | de | temps.

MOTS. . . . . Le | thermomètre | indique | les | degrés | de | froid | et | de | chaleur. (10 mots.)

MONOSYLL. . . ***Un*** enfant ***est trop peu*** expérimenté ***pour se*** conduire ***seul.***

PHRASE. . . . L'homme qui aime le travail est à l'abri du besoin.

SONS. . . . . ***Le criminel est quelquefois en sûreté.*** (15 sons).

ARTICULAT. . **Jamais il n'est tranquille.** (13 articulations.)

SUBSTANTIF. . Le ***suif*** d'une ***chandelle*** monte vers la ***flamme***, parceque la ***chaleur*** pompe le ***suif.***

LA ***lecture*** est UN ***remède*** contre LE ***chagrin*** et LE ***dégoût.***

ADJECTIF. . . ***Un*** enfant ***indocile*** ferme l'oreille aux ***sages*** avis de ***son*** maître.

L'imprimerie a été inventée vers ***la*** fin du ***quinzième*** siècle.

PRONOM. . . . Si ***tu*** as un véritable ami, tâche de ***le*** conserver.

L'homme ***qui*** vit content de ***ce qu'il*** possède est vraiment heureux.

VERBE. . . . Si vous ***aimez*** la vie, ne ***perdez*** pas une heure;
Car ce n'***est*** pas ***vivre*** que ***rester*** sans rien ***faire.***

ADVERBE. . . L'homme de bien oublie ***facilement*** le mal qu'on lui a fait.
L'avare n'a ***jamais assez :*** il souhaite ***toujours.***

PRÉPOSITION. Nous sommes tous frères ***en*** Jésus-Christ.
L'ennui est entré ***dans*** le monde ***par*** la paresse.

CONJONCTION. La flamme monte ***parcequ'***elle est plus légère ***que*** l'air.
On n'aurait guère de plaisir ***si*** l'on ne se flattait jamais.

INTERJECTION. ***Allons !*** il ne faut pas se laisser abattre par le malheur.

DE LA PAROLE.

Demande. Qu'est-ce que le *son vocal?*

Réponse. Le SON VOCAL est le bruit qui frappe nos oreilles quand on parle.

D. Quand on dit, *a*, *e*, *i*, *o*, *u*, *eu*, *ou*, *an*, *in*, *on*, *un*, *oi*, que fait-on entendre?

R. On fait entendre des *sons.*

D. Qu'est-ce qu'une *syllabe?*

R. C'est un son simple ou accompagné de quelque mouvement exécuté par l'un des organes de la parole.

D. Combien y a-t-il de *syllabes* dans *enfants?*

R. Deux : *en fants.*

D. Qu'est-ce qu'un *mot?*

R. Un MOT est un *tout* d'une seule syllabe ou de plusieurs.

D. Combien y a-t-il de *mots* dans *Admirez les ouvrages de Dieu?*

R. CINQ *mots.*

D. Comment appèle-t-on un mot d'une *seule* syllabe?

R. Un mot d'une *seule* syllabe s'appèle MONOSYLLABE.

D. Citez des *monosyllabes.*

R. *Rends le bien pour le mal.*

D. Comment appèle-t-on un mot de *plusieurs* syllabes?

R. Un mot de *plusieurs* syllabes s'appèle POLYSYLLABE.

D. Citez des *polysyllabes.*

R. *Dé-so-bé-i-ssan-ce*, *in-gra-ti-tu-de.*

D. Qu'est-ce qu'une *phrase* ou *proposition?*

R. C'est une réunion de *mots* formant un sens complet.

D. Citez une phrase.

R. *La reconnaissance est la mémoire du cœur.*

DE L'ÉCRITURE.

D. Qu'entend-on par *lettres?*

R. Les LETTRES sont des *signes* qui représentent les sons et les mouvements.

D. Comment appèle-t-on les lettres qui représentent les *sons?*

R. Les lettres qui représentent les *sons* s'appèlent SONS.

D. Donnez des exemples de *sons.*

R. *a*, *é*, *è*, *i*, *o*, *u*, *eu*, *ou*, *oi.*

D. Comment appèle-t-on les lettres qui représentent les *mouvements?*

R. Les lettres qui représentent les *mouvements* s'appèlent ARTICULATIONS.

D. Citez des *articulations.*

R. *b*, *d*, *q*, *g*, etc.

§ 1. DU SUBSTANTIF.

Demande. A quoi sert le *substantif?*

Réponse. Le SUBSTANTIF sert à exprimer tout ce qui existe dans la nature ou dans notre esprit.

D. Nommez des substantifs qui existent dans la nature ou dans notre esprit.

R. La *terre*, le *soleil*, la *lune* existent dans la nature; la *vertu*, le *vice* existent dans notre esprit.

D. Comment reconnaît-on qu'un mot est un *substantif?*

R. On reconnaît qu'un mot est un substantif lorsqu'on peut mettre *le* ou *la*, *un* ou *une* devant ce mot.

D. Pourquoi *terre*, *soleil*, *lune*, *vertu*, *vice* sont-ils des substantifs?

R. Parcequ'on peut dire LA *terre*, LE *soleil*, LA *lune*, UNE *vertu*, UN *vice*.

§ 2. DE L'ADJECTIF.

D. A quoi sert l'*adjectif?*

R. L'ADJECTIF sert à exprimer la *qualité* du substantif.

D. Pourquoi dans *Les biens sont* INCERTAINS, *les maux sont* VÉRITABLES, *incertains* et *véritables* sont-ils des adjectifs?

R. Parceque *incertains* exprime la qualité des *biens*, et que *véritables* exprime la qualité des *maux*.

D. Tous les adjectifs expriment-ils la *qualité* des substantifs?

R. Il y a aussi des adjectifs qui déterminent la *signification* du substantif.

D. Qu'est-ce que *le* et *ton* déterminent dans *Ne dérobe jamais* LE *bien de* TON *prochain?*

R. *Le* détermine la signification de *bien* (c'est UN *bien* et non tous les biens); *ton* détermine la signification de *prochain* (c'est TON *prochain* et non un autre).

D. Comment distingue-t-on les deux sortes d'adjectifs?

R. L'adjectif qui exprime la *qualité* s'appèle QUALIFICATIF. — L'adjectif qui *détermine* la signification s'appèle DÉTERMINATIF.

D. Comment reconnaît-on qu'un mot est un *adjectif?*

R. Tous les mots avant ou après lesquels on peut mettre *personne* ou *chose* sont *adjectifs*.

D. Pourquoi *légère*, *indiscrète*, *profonde* sont-ils des adjectifs?

R. Parcequ'on peut dire PERSONNE *légère*, *indiscrète*; CHOSE *profonde*.

§ 3. DU PRONOM.

Demande. A quoi sert le *pronom?*

Réponse. Le PRONOM rappèle l'idée du substantif, ou bien il remplace le substantif que l'on ne veut pas répéter.

D. Au lieu de dire *Le* SOLEIL *éclaire*, *le* SOLEIL *échauffe*, *le* SOLEIL *féconde*, comment dit-on?

R. On dit : *Le soleil éclaire*, IL *échauffe*, IL *féconde.*

D. Pourquoi *il* est-il un *pronom?*

R. Parcequ'il remplace le substantif *soleil.*

D. Comment reconnaît-on qu'un mot est un *pronom?*

R. Lorsqu'on peut remplacer ce mot par un substantif déjà exprimé.

D. Comment voyez-vous que les mots *il* et *le* sont des pronoms dans cette phrase : *Le cheval connaît son maître;* IL LE *suit?*

R. Parceque, au lieu de dire : *Le* CHEVAL *connaît son* MAÎTRE; IL LE *suit*, on pourrait dire : *Le* CHEVAL *connaît son maître ; le* CHEVAL *suit son* MAÎTRE.

§ 4. DU VERBE.

D. A quoi sert le *verbe?*

R. Le VERBE est un mot qui affirme l'*existence* ou une *action.*

D. Qu'exprime le mot *est* dans *La terre* EST *ronde?*

R. Le mot *est* exprime l'*existence* (ÊTRE *ronde*).

D. Qu'exprime le mot *tourne* dans *Elle* TOURNE *sans cesse?*

R. Le mot *tourne* exprime une *action* (celle de *tourner*).

D. Comment reconnaît-on qu'un mot est un *verbe?*

R. Tous les mots devant lesquels on peut mettre, *je*, *tu*, *il*, *nous*, *vous*, *ils*, avec un changement de terminaison, sont des *verbes.*

D. Comment reconnaissez-vous que les mots *saurait*, *faire*, *excuser*, sont des *verbes?*

R. Parcequ'on peut dire :

JE *saurais*, TU *saurais*, IL *saurait;*

JE *fais*, TU *fais*, IL *fait;*

NOUS *excusons*, VOUS *excusez*, ILS *excusent.*

§ 5. DE L'ADVERBE.

Demande. Qu'est-ce que l'*adverbe?*

Réponse. L'ADVERBE est un mot qui ajoute une idée de temps, de lieu, de manière, etc., au mot auquel il est joint.

D. Quelle idée *toujours* ajoute-t-il au verbe *il faut?*

R. Une idée de *temps.*

D. Quelle idée *poliment* ajoute-t-il au verbe *parler?*

R. Une idée de *manière.*

D. Quelle idée *souvent* ajoute-t-il au verbe *est?*

R. Une idée de *temps.*

D. Comment reconnaît-on qu'un mot est un *adverbe?*

R. Tous les mots qui répondent à l'une des questions *où*, *quand*, *combien*, *comment* sont des *adverbes.*

D. Dans cette phrase : *On a* SOUVENT *besoin d'un plus petit que soi*, à quelle question *souvent* répond-il?

R. A la question *quand.* — QUAND *a-t-on besoin?* Réponse : *Souvent.*

§ 6. DE LA PRÉPOSITION.

D. A quoi sert la *préposition?*

R. La PRÉPOSITION sert à unir deux mots pour établir un rapport entre eux.

D. Quels mots la préposition *à* unit-elle dans *Préférez l'utile* A *l'agréable?*

La préposition *à* unit les mots l'*utile* et l'*agréable.*

D. Quels mots la préposition *avec* unit-elle dans *Soyez polis* AVEC *tout le monde?*

R. La préposition *avec* unit les mots *polis* et *tout le monde.*

D. Comment reconnaît-on qu'un mot est une *préposition?*

R. Tous les mots qui ne sont pas verbes, et après lesquels on peut mettre *qui* et *quoi*, sont des prépositions.

D. Pourquoi *avec* et *malgré* sont-ils des prépositions?

R. Parcequ'on peut dire *avec* QUI, *avec* QUOI; *malgré* QUI, *malgré* QUOI.

§ 7. DE LA CONJONCTION.

Demande. A quoi sert la *conjonction?*
Réponse. La CONJONCTION sert à lier un mot à un autre mot, ou une proposition à une autre proposition.

D. A quoi sert la conjonction *et* dans cette phrase : *La vertu* ET *la science sont deux choses bien estimables?*
R. A lier les deux mots *vertu* et *science.*

D. A quoi sert la conjonction *car* dans cette phrase : *Fuyez l'oisiveté,* CAR *elle est la mère de tous les vices?*
R. A lier les deux propositions *Fuyez l'oisiveté* et *Elle est la mère de tous les vices.*

D. Comment reconnaît-on qu'un mot est une *conjonction?*
R. Lorsque ce mot est invariable, et qu'il n'est ni adverbe, ni préposition, ni interjection.

§ 8. DE L'INTERJECTION.

D. Qu'est-ce que l'*interjection* exprime?
R. Un mouvement subit de l'âme.

D. Dans cette phrase : OH! *je vous en prie, ne dites du mal de personne*, quelle est l'*interjection?*
R. *Oh!*

D. Qu'exprime-t-elle?
R. La prière.

D. Dans cette phrase : EH! *qui n'a pas pleuré quelque perte cruelle*, quelle est l'*interjection?*
R. *Eh!*

D. Qu'exprime-t-elle?
R. La douleur, la plainte.

D. Combien y a-t-il d'espèces de mots?
R. Huit : le *substantif*, l'*adjectif*, le *pronom*, le *verbe*, l'*adverbe*, la *préposition*, la *conjonction* et l'*interjection.*

D. Quels sont les mots *variables?*
R. Le *substantif*, l'*adjectif*, le *pronom* et le *verbe.*

D. Quels sont les mots *invariables?*
R. L'*adverbe*, la *préposition*, la *conjonction* et l'*interjection.*

RÉCAPITULATION.

Demande. Qu'est-ce que le *son vocal?*

Réponse. Le SON VOCAL est le bruit qui frappe nos oreilles quand on parle.

D. Qu'est-ce qu'une *syllabe?*

R. C'est un son simple ou accompagné de quelque *mouvement* exécuté par l'un des organes de la parole.

D. Qu'est-ce qu'un *mot?*

R. Un MOT est un *tout* d'une seule syllabe ou de plusieurs.

D. Qu'entend-on par *monosyllabes* et *polysyllabes?*

R. Un mot d'une *seule* syllabe est un MONOSYLLABE; les autres mots sont des POLYSYLLABES.

D. Qu'est-ce qu'une *phrase* ou *proposition?*

R. Une PHRASE ou PROPOSITION est une réunion de mots formant un sens complet.

D. Qu'entend-on par *lettres?*

R. Les LETTRES sont des *signes* représentant les *sons* et les *mouvements.*

D. A quoi sert le *substantif?*

R. A exprimer tout ce qui existe dans la nature ou dans notre esprit.

D. Comment reconnaît-on qu'un mot est un *substantif?*

R. Quand on peut mettre devant ce mot *le* ou *la*, *un* ou *une.*

D. A quoi sert l'*adjectif?*

R. A exprimer la *qualité* du subst. ou à en déterminer la signification.

D. Comment reconnaît-on qu'un mot est un *adjectif?*

R. Quand on peut mettre, devant ou après ce mot, *personne* ou *chose.*

D. A quoi sert le *pronom?*

R. A rappeler l'idée du substantif, ou bien à en tenir la place.

D. Comment reconnaît-on qu'un mot est un *pronom?*

R. Quand on peut le remplacer par un substantif déjà exprimé.

D. Qu'est-ce que le *verbe?*

R. Le VERBE est un mot qui exprime l'*existence* ou une *action.*

D. Comment reconnaît-on qu'un mot est un *verbe?*

R. Quand on peut mettre devant ce mot, *je*, *tu*, *il*, *nous*, *vous*, *ils.*

D. Qu'est-ce que l'*adverbe* exprime?

R. L'ADVERBE ajoute une idée de temps, de lieu, de manière, etc., au mot auquel il est joint.

D. Comment reconnaît-on qu'un mot est un *adverbe?*

R. Tous les mots qui répondent à l'une des questions *où*, *quand*, *combien*, *comment*, sont des *adverbes.*

D. A quoi sert la *préposition?*

R. A unir deux mots pour établir un rapport entre eux.

D. Comment reconnaît-on qu'un mot est une *préposition?*

R. Tout les mots qui ne sont pas verbes, et après lesquels on peut mettre *qui* et *quoi*, sont des *prépositions.*

D. A quoi sert la *conjonction?*

R. A unir deux mots ou deux propositions.

D. Comment reconnaît-on qu'un mot est une *conjonction?*

R. Tous les mots *invariables*, qui ne sont ni adverbes, ni prépositions, ni interjections sont des *conjonctions.*

D. Qu'est-ce que l'*interjection* exprime?

R. L'INTERJECTION exprime un mouvement subit de l'ame.

ORTHOGRAPHIE. (MOTS VARIABLES.)

§ 1. DU SUBSTANTIF.

***Enfants*, imitez les *exemples* des *hommes* vertueux.**

RÈGLE. — Le substantif qui convient à *tous* les êtres ou à *toutes* les choses d'une même espèce est un *substantif* COMMUN.

Le substantif *enfant* convient à *tous* les enfants;
Le substantif *homme* convient à *tous* les hommes;
Le substantif *exemple* convient à *tous* les exemples;
Enfants, *hommes*, *exemples* sont donc des substantifs *communs*.

***Paris* est la capitale de la *France*.**

RÈGLE. — Le substantif qui exprime une idée *particulière*, *individuelle*, est un *substantif* INDIVIDUEL.

Paris exprime une idée particulière à une ville;
France exprime une idée particulière à un pays:
Paris, *France* sont donc des substantifs *individuels*.

DU GENRE.

***Le* lion rugit, *le* taureau mugit, *le* loup hurle.**

RÈGLE. — Les substantifs devant lesquels on peut mettre *le* ou *un* sont du *masculin*.

On dit: *le* lion, *le* taureau, *le* loup:
Lion, *taureau*, *loup* sont donc du *masculin*.

***La* poule glousse, *la* colombe gémit, *la* brebis bêle.**

RÈGLE. — Les substantifs devant lesquels on peut mettre *la* ou *une* sont du *féminin*.

On dit: *la* poule, *la* colombe, *la* brebis:
Poule, *colombe*, *brebis* sont donc du *féminin*.

Le *masculin* et le *féminin* s'appèlent GENRES des substantifs.

DU NOMBRE.

La *géographie* est la *description* de la *terre*.

RÈGLE. — Les substantifs qui expriment une *seule* personne ou une *seule* chose sont au *singulier*.

Géographie, *description*, *terre*, sont donc au singulier.

Les *négresses* aiment à porter des *robes* blanches.

RÈGLE. — Les substantifs qui expriment *plusieurs* personnes ou *plusieurs* choses sont au *pluriel*.

Négresses, *robes* sont donc au *pluriel*.

Le *singulier* et le *pluriel* s'appèlent NOMBRES.

(*Voyez le* QUESTIONNAIRE, p. 40.)

ORTHOGRAPHIE. (MOTS VARIABLES.)

§ 1. DU SUBSTANTIF.

(*Faites souligner les Substantifs* COMMUNS.)

Le *ver* à *soie*, avant sa *naissance*, est renfermé dans un petit *œuf*.
Cet *œuf* est conservé dans un *lieu* sec jusqu'au *retour* du *printemps*.
Alors on l'expose à une *chaleur* douce;
Et l'on voit bientôt sortir un petit *ver* grisâtre.
On le met aussitôt sur une *feuille* de *mûrier;*
Et il mange de cette *feuille* pendant toute la *journée*.

(*Faites souligner les substantifs* INDIVIDUELS.)

La *Seine* passe à *Paris*.
La ville de *Reims* est en *Champagne*, dans le département de la *Marne*.
Napoléon fut empereur des *Français* et roi d'*Italie*.
Les animaux de la *Russie* d'*Europe* sont à peu près les mêmes que ceux de la *Suède*, de la *Norvège* et du *Danemark*.

DU GENRE.

(*Faites souligner les substantifs* MASCULINS.)

Le *travail*, la santé, voilà les vrais *trésors*.
Le *silence* est un *supplice* cruel pour les grands *parleurs*.
C'est le *mérite* de ceux qui louent qui fait le *prix* des louanges.

(*Faites souligner les Substantifs* FÉMININS.)

La *gloire* et la *prospérité* des méchants sont de courte *durée*.
La *patience*, la *résignation* et l'*espérance* (1) soutiènent le malheureux.
La *politesse*, la *complaisance* et la *modestie* font aimer les enfants.
L'*erreur* et la *superstition* sont nées de l'*ignorance*.
L'*abondance* des *paroles* ne vient pas toujours de la *fécondité* ni de l'*étendue* de l'esprit.

DU NOMBRE.

(*Faites souligner les Substantifs au* SINGULIER.)

La *paresse* et l'*oisiveté* sont les avant-coureurs de la *misère*.
On connaît les véritables amis dans le *besoin*.
La *richesse*, le *plaisir*, la *santé* devienènt des maux quand on en abuse.

(*Faites souligner les Substantifs au* PLURIEL.)

La fortune fait paraître nos *vices* et nos *vertus*, comme la lumière fait paraître les *objets*.
L'air est plus vif sur les *montagnes* que dans les *plaines*.
Les fréquents *jurements* ne rendent pas les *menteurs* plus dignes d'être crus.

---

(1) Pour *la* espérance (*et ainsi des autres*).

DU SUBSTANTIF. (SUITE.)

On trouve en Afrique des lion *s* et des éléphant *s*.

Règle. — Lorsqu'on veut écrire un substantif commun au *pluriel*, il faut ajouter un *s* à la fin.

Des *lion* s, des *éléphant* s.

Écoutez la voi *x* de celui qui vous donne un bon avi *s*.

Règle. — On écrit au pluriel comme au singulier les substantifs qui finissent au singulier par *s*, *x*, *z*.

Un *avi* s, la *voi* x, du *ri* z.

Les hibou *x* sont des oiseau *x* de nuit.

Règle. — Les substantifs en *au*, en *eu*, et quelques-uns en *ou* prènent encore une *x* au pluriel au lieu d'un *s*.

Les *hibou* x, des *oiseau* x.

Un chou-fleur.	**Des chou *x*-fleur*s*.**
Un cerf-volant.	**Des cerf*s*-volant*s*.**

Règle. — Lorsqu'un substantif est composé de *deux substantifs* (CHOU FLEUR), ou d'un *substantif* et d'un *adjectif* (CERF-VOLANT), les deux mots qui forment le substantif composé prènent ordinairement la marque du pluriel.

Des *chou*x-*fleur* s, des *cerf* s-*volant* s.

Un ciel-de-lit.	**Des ciel *s*-de-lit.**

Règle. — Lorsqu'un substantif est composé de deux substantifs unis par une préposition (*ciel*-DE-*lit*), le premier substantif prend ordinairement seul la marque du pluriel.

Des *ciel* s-DE-*lit*.

Les coupe-gorge *s* sont des lieux dangereux.
Certains oiseaux sont les avant-coureur *s* de la tempête.

Règle. — Lorsqu'un substantif est composé d'un *verbe* et d'un *substantif* (COUPE-GORGE), d'un *mot invariable* et d'un *substantif* (AVANT-COUREUR), le substantif seul prend ordinairement la marque du *pluriel*.

Des *coupe-gorge* s, des *avant-coureur* s.

Le cheval galop *e* — Le chevreuil bond *it*.

Règle. — Pour connaître la dernière lettre d'un assez grand nombre de substantifs au singulier, retranchez la terminaison des mots qui en sont formés.

Otez *er* de *galop* ER, vous aurez *galop*, avec un *p*;

Otez *ir* de *bond* IR, vous aurez *bond*, avec un *d*.

(*Voyez le* QUESTIONNAIRE, *p.* 41.)

DU SUBSTANTIF. (SUITE.)

(Écrivez au singulier :)	*(Dictez au pluriel :)*
S. La vertu est une richesse.	*P.* Les vertu *s* sont des richesse *s*.
S. Le vice dégrade l'homme.	*P.* Les vice *s* dégradent les homme *s*.
S. Mon ami, obéis à ton maître.	*P.* Mes ami *s*, obéissez à vos maître *s*.
S. L'élève fait son devoir.	*P.* Les élève *s* font leurs devoir *s*.
S. La perdri *x* est timide.	*P.* Les perdri *x* sont timides.
S. L'excè *s* est condamnable.	*P.* Les excè *s* sont condamnables.
S. Le re *z*-de-chaussée humide.	*P.* Les rez-de-chaussée humides.
S. La noi *x* est huileuse.	*P.* Les noi *x* sont huileuses.
S. Le pruneau est sain.	*P.* Les pruneau *x* sont sains.
S. L'essieu se brise.	*P.* Les essieu *x* se brisent.
S. Le chou est indigeste.	*P.* Les chou *x* sont indigestes.
S. Un chat-huant.	*P.* Des chat *s*-huant *s*.
S. Un chien-loup.	*P.* Des chien *s*-loup *s*.
S. De l'eau-forte.	*P.* Des eau *x*-forte *s*,
S. Un laurier-rose.	*P.* Des laurier *s*-rose *s*.
S. Un beau-père.	*P.* Des beau *x*-père *s*.
S. Un petit-maître.	*P.* Des petit *s*-maître *s*.
S. Un aide-de-camp.	*P.* Des aide *s*-de-camp.
S. Un chef-d'œuvre.	*P.* Des chef *s*-d'œuvre.
S. Un œil-de-bœuf.	*P.* Des œil *s*-de-bœuf.
S. Un bout-d'aile.	*P.* Des bout *s*-d'aile.
S. Un contre-coup.	*P.* Des contre-coup *s*.
S. Un tire-bouchon.	*P.* Des tire-bouchon *s*.
S. Un abat-vent.	*P.* Des abat-vent *s*.
S. Un coupe-jarret.	*P.* Des coupe-jarret *s*.
S. Un tire-ligne.	*P.* Des tire-ligne *s*.

Froid *ure*.	Froi *d*.
Regard *er*.	Regar *d*.
Marchand *er*.	Marchan *d*.
Bourg *eois*.	Bour *g*.
Rang *er*.	Ran *g*.
Sang *uin*.	San *g*.
Fusil *ler*.	Fusi *l*.
Parfum *er*.	Parfu *m*.
Drap *erie*.	Dra *p*.
Repos *er*.	Repo *s*.

§ 2. DE L'ADJECTIF. (GENRE.)

La France est divisé *e* **en 86 départements.**

RÈGLE. — L'adjectif qualificatif est *toujours* terminé par *e* au féminin (*la France divisé* e).

Mon fils, sois aimabl *e*. — **Ma fille, sois aimabl** *e*.

RÈGLE. — Si l'adjectif est terminé par un *e* au masculin (*fils aimabl* e), il s'écrit de même au féminin (*fille aimabl* e).

Le fruit mû *r* **est sai** *n*. — **La pomme mûr** *e* **est sain** *e*.

RÈGLE. — Mais si l'adjectif n'est pas terminé par un *e* au masculin (*fruit mû* r et *sai* n), on ajoute un *e* pour mettre l'adjectif au féminin (*pomme mûr* e et *sain* e).

Te *l* **père, te** *l* **fils.** — **Tel** *le* **mère, tel** *le* **fille.**

RÈGLE. — Dans quelques adjectifs terminés au masculin par une de ces lettres *l*, *n*, *s*, *t*, on double encore l'articulation finale pour former le féminin.

Écrivez au masculin :	Écrivez au féminin :
Le loup est crue *l*.	**La panthère est cruel** *le*.
L'éléphant est gro *s*.	**La baleine est gros** *se*.
Un mur mitoye *n*.	**Une haie mitoyen** *ne*.

RÈGLE. — D'autres adjectifs changent au féminin l'articulation finale du masculin.

1° Les adjectifs en *f* changent *f* en *v* :

Le lièvre crainti *f*. — **La brebis crainti** *ve*.

2° Les adjectifs en *c* changent le *c* en *qu* :

Un âge cadu *c*. — **Une santé cadu** *que*.

3° La plupart des adjectifs en *eur* et en *eux* font *euse* au féminin :

Un malheur affreu *x*. — **Un tempête affreu** *se*.

4° Enfin on écrit,

Au masculin :	Au féminin :
Un rosier blan *c*.	**Une robe blan** *che*.
Un vent frai *s*.	**Une nuit fraî** *che*.
Un habit lon *g*.	**Une robe long** *ue*.
Un esprit mali *n*.	**Une fièvre mali** *gne*.

Ma fille, ne sois ni bavard *e* **ni hautain** *e*.

RÈGLE. — Pour connaître l'articulation finale d'un adjectif au masculin, retranchez le signe du féminin.

Ainsi on écrit au masculin :

Point *u*, **bavar** *d*, **voisi** *n*, **humai** *n*, **assi** *s*, **peti** *t*.

Parcequ'on dit au féminin :

Pointu *e*, **bavard** *e*, **voisin** *e*, **humain** *e*, **assis** *e*, **petit** *e*.

(*Voyez le* QUESTIONNAIRE, *p.* 42.)

DE L'ADJECTIF. (GENRE.)

(*Écrivez le* MASCULIN *et faites écrire le* FÉMININ.)

M. L'air est plus *pesant* que le gaz.	*F.* L'eau est plus *pesant* e que l'air.
M. Notre pays est très *peuplé*.	*F.* La France est très *peuplé* e.
M. Un défilé est *étroit*.	*F.* Une ruelle est *étroit* e.
M. L'air est *nécessaire* à la vie.	*F.* La chaleur est *nécessaire* au corps.
M. L'homme doit être *sage* et *juste*.	*F.* La femme doit être *sage* et *juste*.
M. Votre devoir n'est pas *difficile*.	*F.* Votre tâche n'est pas *difficile*.

(*Ne dictez pas l'*ADJECTIF FÉMININ.)

M. Un géant est très *grand*.	*F.* Une géante est très *grand* e.
M. Un nain est très *petit*.	*F.* Une naine est très *petit* e.
M. Le chiendent est *rafraîchissant*.	*F.* La tisane est *rafraîchissant* e.

(*Dictez aussi l'*ADJECTIF FÉMININ.)

M. Le pain est *substantiel*.	*F.* La viande est *substantiel* le.
M. *Nul* monument n'est *éternel*.	*F.* *Nul* le mode n'est *éternel* le.
M. Le miel est *épais*.	*F.* Je n'aime pas la soupe *épais* se.
M. Le Louvre est bien *ancien*.	*F.* Étudiez l'histoire *ancien* ne.
M. Mon fils, sois *bon* et *gentil*.	*F.* Ma fille, sois *bon* ne et *gentil* le.
M. Le fat est souvent bien *sot*.	*F.* Tu fais là une réponse bien *sot* te.

(*Ne dictez pas l'*ADJECTIF FÉMININ.)

M. Le bouillon d'oseille est *purgatif*.	*F.* La chicorée est *purgati* ve.
M. Je n'aime pas qu'on reste *oisif*.	*F.* Ma fille, ne sois pas *oisi* ve.
M. Ne troublons pas l'ordre *public*.	*F.* Favorisons l'instruction *publi* que.
M. La maladie rend *caduc*.	*F.* La vieillesse est *cadu* que.
M. Je n'aime pas un enfant *boudeur*.	*F.* Ma fille, ne sois pas *boudeu* se.
M. Le Français est *courageux*.	*F.* Notre armée est *courageu* se.
M. Ayez toujours un air *franc*.	*F.* J'aime une personne *fran* che.
M. Dans l'été on aime un vent *frais*.	*F.* On cherche l'ombre *fraî* che.
M. Votre devoir n'est pas trop *long*.	*F.* Votre tâche n'est pas trop *lon* gue.

(*Écrivez le* FÉMININ *et faites écrire le* MASCULIN.)

F. Ne sois ni *indiscrèt* e ni *bavard* e.	*M.* Ne sois ni *indiscre* t ni *bavar* d.
F. Ne sois ni *distrait* e ni *étourdi* e.	*M.* Ne sois ni *distrai* t ni *étourd* i.
F. Il y a des sources d'eau *chaud* e.	*M.* Le vent du Sud est *chau* d.
F. La terre est presque *rond* e.	*M.* Une boule est un corps *ron* d.

DE L'ADJECTIF. (NOMBRE.)

Les renards sont rusé *s* et les loups sont féroce*s*.

RÈGLE. — Le pluriel des adjectifs se forme le plus souvent en ajoutant un *s* au singulier (*rusé* s, *féroce* s).

Tous les hommes sont égau*x* devant la loi.

RÈGLE. — Les adjectifs terminés au singulier par le son ***au*** prènent un *x* au lieu d'un *s* (*hommes égau* x).

Mon fils, sois soumi*s* et respectueu*x*.
Mes fils, soyez soumi*s* et respectueu*x*.

RÈGLE. — Les adjectifs terminés au singulier par *s* ou par *x* n'ajoutent rien au pluriel (*soumi* s, *respectueu* x).

ACCORD DE L'ADJECTIF.

Le haricot est *farineux* — La noix est *huileuse*.

RÈGLE. — L'adjectif doit être au même *genre* que le substantif qu'il détermine ou qu'il qualifie.

Le est au *masculin* parcequ'il détermine *haricot*, subs. m.
Farineux est au *masc.* parcequ'il qualifie *haricot*, subs. m.
La est au *féminin* parcequ'il détermine *noix*, subs. f.
Huileuse est au *féminin* parcequ'il qualifie *noix*, subs. f.

Le corbeau et la pie sont *trompeurs*.

RÈGLE. — L'adjectif doit rester au *masculin* lorsqu'il qualifie des substantifs de genres différents.

Le *corbeau* est du *masculin*, la *pie* est du *féminin* :
Donc *trompeurs* doit rester au *masculin*.

La pêche est *froide*. — Les fraises sont *fiévreuses*.

RÈGLE. — L'adjectif doit être au même *nombre* que le substantif qu'il détermine ou qu'il qualifie.

La est au *singulier* parcequ'il détermine *pêche*, subst. sing.
Froide est au *singulier* parcequ'il qualifie *pêche*, subst. sing.
Les est au *pluriel* parcequ'il détermine *fraises*, subst. pl.
Fiévreuses est au *plur.* parcequ'il qualifie *fraises*, subst. pl.

Le chameau et le dromadaire sont bossu *s*.

RÈGLE. — L'adjectif doit être au *pluriel* lorsqu'il qualifie plusieurs substantifs.

Bossu s qualifie *chameau* et *dromadaire* :
Donc *bossu* s doit être au *pluriel*.

Mon fils, vous serez aim*é* si vous êtes aimabl*e*.

RÈGLE. — Quand même le verbe serait au pluriel (*vous serez*), l'adjectif reste au singulier (*aim* é, *aimabl* e), s'il ne se rapporte qu'à un substantif singulier (*mon fils*).

(*Voyez le* QUESTIONNAIRE, *p.* 43.)

DE L'ADJECTIF. (NOMBRE.)

(*Écrivez le* SINGULIER.)	(*Dictez le* PLURIEL.)
S. Montre-toi *docile* et *attentif.*	*P.* Montrez-vous *docile*s et *attentif*s.
S. Sois ami *fidèle* et *discret.*	*P.* Soyez amis *fidèle*s et *discret*s.
S. On aime ce qui est *nouveau.*	*P.* On aime les plaisirs *nouveau*x.
S. Le Nord est un point *cardinal.*	*P.* Il y a quatre points *cardinau*x.
S. Tout plaisir n'est pas *permis.*	*P.* Je n'aime que les plaisirs *permi*s.
S. Le menteur *surpris* est *confus.*	*P.* Les menteurs *surpri*s sont *confu*s.
S. Ne sois ni *ombrageux* ni *sournois.*	*P.* Ne soyez ni *ombrageu*x ni *sournoi*s.

ACCORD DE L'ADJECTIF.

(*Écrivez le* MASCULIN.)	(*Dictez le* FÉMININ.)
M. J'aime qu'*un* enfant soit *poli.*	*F.* J'aime qu'*une* jeune fille soit *poli*e.
M. Il faut que *ton* habit soit *brossé.*	*F.* Il faut que *ta* veste soit *brossé*e.
M. J'aime *un* enfant *naïf* et *franc.*	*F.* J'aime *une* fille *naï*ve et *fran*che.
M. Le château de Ham est très *fort.*	*F.* Metz est une ville très *fort*e.

(*Appelez l'attention sur l'adjectif qui est au* PLURIEL.)

S. Adèle, sois *prudente.*	*P.* Jule et Adèle, soyez *prudent*s.
S. Le perroquet est *bavard.*	*P.* Le merle et la pie sont *bavard*s.
S. Le tigre est *cruel.*	*P.* Le tigre et la hyène sont *cruel*s.

(*Écrivez le* SINGULIER.)	(*Dictez le* PLURIEL.)
*S. L'*éléphant est *intelligent.*	*P. Les* éléphants sont *intelligent*s.
S. La pomme est *acide.*	*P. Les* pommes sont *acide*s.
S. Notre armée est *formidable.*	*P. Nos* armées sont *formidable*s.
S. La tourterelle est *craintive.*	*P. Les* tourterelles sont *craintive*s.
S. La vengeance est *odieuse.*	*P. Les* vengeances sont *odieuse*s.
S. Le mal est *opposé* au bien.	*P.* Le mal et le bien sont *opposé*s.
S. La fierté est *nuisible.*	*P.* La fierté et l'envie sont *nuisible*s.
S. La France est *fertile.*	*P.* La France et l'Italie sont *fertiles.*

(*Écrivez le* PLURIEL.)	(*Dictez le* SINGULIER.)
P. Mes amis, soyez *charitables.*	*S.* Mon ami, soyez *charitabl*e.
P. Mes filles, soyez *polies.*	*S.* Ma fille, soyez *poli*e.
P. Mes enfants, soyez *sages.*	*S.* Mon enfant, soyez *sag*e.

§ 3. DU PRONOM.

Je vous **dis que *Sully* fut un grand ministre.**

RÈGLE. — La personne *qui* parle est la *première;* celle *à qui* l'on parle est la *seconde;* celle *de qui* l'on parle est la *troisième.*

JE. . . . personne *qui* parle : . . . . . c'est la *première;*
VOUS. . . personne *à qui* l'on parle : . . c'est la *seconde;*
SULLY. . personne *de qui* l'on parle : . c'est la *troisième.*

Je vous **raconterai tout ce qu'*il* a fait.**

RÈGLE. — Les pronoms qui expriment les personnes s'appellent *personnatifs.*

Je, vous, il sont des *personnatifs.*

	masculin et féminin.		
1re pers. sing.	*je, me, moi* :	plur. *nous.*	
2e pers. sing.	*tu, te, toi* :	plur. *vous.*	

	masculin.	féminin.		masculin.	féminin.
3e pers. sing.	*il*.........	*elle*	plur.	*ils, eux*	*elles*
	le.........	*la*			
	lui	des deux genres.		*les*, *leur*	des deux genres.
	se, soi des deux genres et des deux nombres.				

Parmi les autres pronoms, il y en a qui varient au masculin et au féminin, au singulier et au pluriel. Tels sont :

Masc. singulier *celui... lequel.....* pluriel *ceux... lesquels.*
Fém. singulier *celle... laquelle...* pluriel *celles... lesquelles.*

Il y en a d'autres qui sont toujours *invariables.* Tels sont : *qui, que, quoi, dont, en, y, où.*

C'est un méchant métier que *celui* de médire.

RÈGLE. — Les pronoms sont toujours au même *genre* et au même *nombre* que les substantifs dont ils rappèlent l'idée ou dont ils tiènent la place.

Celui est au masculin et au singulier, parce que *métier* est au masculin et au singulier.

Leur*s* défauts leu*r* nuiront beaucoup.

RÈGLE. — Ne confondez pas le pronom invariable *leur,* signifiant *à eux, à elles,* avec l'adjectif variable *leur, leurs,* signifiant *d'eux, d'elles.*

L'adjectif *leur* est suivi d'un substantif (LEURS *défauts*).
Le pronom *leur* est joint à un verbe (LEUR *nuiront*).

Ce jeune homme *se* perdra par sa faute.

RÈGLE. — Ne confondez pas le pronom *se,* signifiant *soi, à soi,* avec l'adjectif démonstratif *ce.*

L'adjectif *ce* est suivi d'un substantif (CE *jeune homme*).
Le pronom *se* est suivi d'un verbe (SE *perdra*).

(*Voyez le* QUESTIONNAIRE, *p.* 44.)

§ 3. DU PRONOM.

(*Faites souligner et numéroter les* PERSONNES.)

Je (1) veux être sage et laborieux.
Le ***travail*** (3) ***nous*** (1) fortifie.
L'***oisiveté*** (3) ***vous*** (2) perdrait.
Le ***froid*** (3) purifie l'***air*** (3).
Les ***télégraphes*** (3) furent inventés en 1791.
La ***prospérité*** (3) ***nous*** (1) aveugle et ***nous*** (1) égare.
Aimons-***nous*** (1), mes ***enfants*** (2); ***chérissons*** (1) nos ***semblables*** (3).

(*Faites souligner et numéroter les* PERSONNATIFS.)

Le gaz a remplacé l'huile : ***il*** (3) fournit une belle lumière.
Avouons nos torts à ceux qui ***nous*** (1) aiment.
Vois toujours devant ***toi*** (2) l'homme dont ***tu*** (2) vas parler.
Associe-***toi*** (2) avec les honnêtes gens.
L'astre que ***nous*** (1) admirons est aussi celui qui ***nous*** (1) est le plus utile.
Vous (2) ne connaissez pas l'ennui qui dévore les riches.
Cette multitude de valets dont ***ils*** (3) ne peuvent ***se*** (3) passer ***les*** (3) accable.
Rien ne ***leur*** (3) plait, et la tristesse ***les*** (3) suit partout.
La tortue marche lentement : ***elle*** a (3) quatre pattes.

(*Faites souligner tous les* PRONOMS.)

L'honnête homme est discret : ***il*** remarque les défauts des autres, mais ***il*** n'en parle jamais.
L'éléphant est le plus intelligent de tous les animaux : ne dites pas de mal de ***lui*** en sa présence, car ***il vous*** maltraiterait.
Le mensonge est un vice odieux ***dont vous*** devez avoir horreur.
Voilà un enfant paresseux ***qui*** ne veut pas étudier.

(*Faites souligner les* PRONOMS *et faites-en indiquer le* GENRE *et le* NOMBRE.)

Ceux (m. pl.) à ***qui*** (m. pl.) on reproche des fautes ***dont*** (f. pl.) ***ils*** (m. pl.) ne sont pas coupables ne doivent pas être plus affligés que si on ***leur*** (m. pl.) disait qu'***ils*** (m. pl.) sont malades quand ***ils*** (m. pl.) ***se*** (m. pl.) portent bien.

(*Demandez si les noms soulignés sont des* PRONOMS *ou des* ADJECTIFS.

Si les riches ont ***leurs*** jouissances, ils ont aussi ***leurs*** chagrins (ADJ.)
Quand les enfants demandent des choses déraisonnables, on les ***leur*** refuse (PRON.)
Ce serait ***leur*** (PRON.) nuire que d'accéder à tous ***leurs*** (ADJ.) desirs.
Il y a des choses auxquelles il faut ***se*** (PRON.) faire, sous peine de trouver la vie insupportable.
Ce (ADJ.) pays ***se*** (PRON.) nomme la France.
Le cheval ***se*** (PRON.) distingue des autres animaux par la beauté de ses formes et par son intelligence.

RÉCAPITULATION.

Le substantif qui convient à *tous* les êtres et à *toutes* les choses d'une seule espèce est un *subsantif* COMMUN.

Le substantif qui exprime une idée *particulière*, *individuelle*, est un substantif INDIVIDUEL.

Les substantifs devant lesquels on peut mettre *le* ou *un* sont du *masculin*.

Les substantifs devant lesquels on peut mettre *la* ou *une* sont du *féminin*.

Le *masculin* et le *féminin* s'appèlent GENRES des substantifs.

Les substantifs qui expriment une *seule* personne ou une *seule* chose sont au *singulier*.

Les substantifs qui expriment *plusieurs* personnes ou *plusieurs* choses sont au *pluriel*.

Le *singulier* et le *pluriel* s'appèlent NOMBRES.

Lorsqu'on veut écrire un substantif commun au *pluriel*, il faut ajouter un *s* à la fin de ce substantif.

On écrit au pluriel comme au singulier les substantifs qui finissent par *s*, *x* ou *z*.

Les substantifs en *au*, en *eu* et quelques-uns en *ou* prènent encore un *x* final au pluriel.

Pour connaître l'articulation finale de certains substantifs au singulier, ôtez la terminaison des mots qui en sont formés.

L'adjectif qualificatif est toujours terminé par *e* au féminin.

Dans quelques adjectifs on double encore l'articulation finale pour former le féminin.

D'autres adjectifs changent cette articulation au féminin : ainsi *vi* f, *cadu* c, *affreu* x, *blan* c, *se* c, *frai* s, font *vi* ve, *cadu* que, *affreu* se, *blan* che, *sè* che, *fraî* che.

Pour connaître l'articulation finale d'un adjectif au masculin, retranchez le signe du féminin.

Le pluriel des adjectifs se forme le plus souvent en ajoutant un *s* au singulier.

Les adjectifs pluriels terminés par le son *au* prènent un *x* au lieu d'un *s*.

L'adjectif doit être au même genre et au même nombre que le substantif qu'il détermine ou qu'il qualifie.

La personne *qui* parle est la première ; celle *à qui* l'on parle est la deuxième ; celle *de qui* l'on parle est la troisième.

Les pronoms qui expriment les personnes s'appèlent *personnatifs*.

Les pronoms s'accordent avec les substantifs dont ils rappèlent l'idée ou dont ils tiènent la place.

(*Voyez le* QUESTIONNAIRE, *p.* 45.)

RÉCAPITULATION.

(*Demandez de quelle* ESPÈCE *sont les substantifs.*)

Enfants, imitez les *exemples* des *hommes* vertueux.
Le *fer* est le *métal* le plus utile.
Paris est la capitale de la *France*.
Le *Volga*, qui coule en *Russie*, est le plus grand fleuve de l'*Europe*.

(*Demandez de quel* GENRE *sont les substantifs.*)

LE *lion* rugit, LE *taureau* mugit, LE *loup* hurle.
LE *soldat* brave LE *danger*.
LA *poule* glousse, LA *colombe* gémit, LA *brebis* bêle.
LA *force*, LA *santé*, LA *joie* s'évanouissent comme UN beau *songe*.

(*Demandez à quel* NOMBRE *sont les substantifs.*)

La *géographie* est la *description* de la *terre*.
La *terre* marche lentement.

Les *négresses* aiment à porter des *robes* blanches.
La fortune fait paraître nos *vices* et nos *vertus*, comme la lumière fait paraître les *objets*.

L'huile de lavande détruit les *ver* s, les *puce* s, les *mite* s et les autres *insectes*.

Mon *fils*, écoute la *voix* de celui qui te donne des *avi* s salutaires.

Les *hibou* x sont des *oiseau* x de nuit.
Ne formons point de *vœu* x téméraires.

(*Écrivez :*) (*Faites écrire :*)

Galop*er*, bond*ir*.—galo*p*, bon*d*.
Froid*ure*, repos*er*. – froi*d*, repo*s*.
La France est *divisé* e en 86 départements.
Tel le mère, *tel* le fille.
A *sot* te demande *nul* le réponse.

(*Dictez l'adjectif au* MASCULIN, *et faites rectifier.*)

La brebis est *crainti* f. — La vieillesse est *cadu* c. — La bienfaisance est *généreu* x. — J'aime une personne *fran* c. — La terre des montagnes est *se* c. — On recherche l'ombre *frai* s.

(*Écrivez le* FÉMININ *et dictez le* MASCULIN.)

F. Ma fille, ne sois point *bavard* e.
M. Mon fils, ne sois point *bavard*.

(*Faites ajouter le* SIGNE *du pluriel.*)

Les richesses sont moins *précieuse* s que la santé.
Tous les hommes sont *égau* x devant la loi.
Les Suédois sont bien *fait* s, *robuste* s, *agile* s.
Les sociétés sont *empoisonné* es par le défaut de sincérité.

(*Faites numéroter les* PERSONNES.)

Je (1) veux que *tu* (2) sois sage.
Napoléon (3) fut un grand homme.

(*Faites numéroter les* PERSONNATIFS.)

Je (1) *vous* (2) raconterai ce qu'*il* (3) a fait.
Tu (2) ne mentiras pas.
Napoléon aimait la France : *il* (m. s.) voulait qu'*elle* (f. s.) fût glorieuse et puissante, et que *nous* (m. pl.) fussions le premier peuple du monde.

ORTHOGRAPHIE. (MOTS VARIABLES.)

§ 1. DU SUBSTANTIF.

Demande. Qu'est-ce qu'un *substantif* commun?
Réponse. C'est celui qui convient à *tous* les êtres ou à *toutes* les choses d'une même espèce.

D. Pourquoi, dans cet exemple, ENFANTS, *imitez les* EXEMPLES *des* HOMMES *vertueux*, les substantifs *enfants*, *exemples*, *hommes*, sont-ils *communs?*
R. Parceque le mot *enfant* convient à tous les enfants; parceque le mot *homme* convient à tous les hommes; parceque le mot *exemple* convient à tous les exemples.

D. Qu'est-ce qu'un *substantif* INDIVIDUEL?
R. C'est celui qui exprime une idée *particulière, individuelle.*

D. Pourquoi, dans cet exemple, PARIS *est la capitale de la* FRANCE, les substantifs *Paris* et *France* sont-ils *individuels?*
R. Parceque *Paris* exprime une idée particulière à une ville, parceque *France* exprime une idée particulière à un pays.

DU GENRE.

D. Quels sont les *substantifs* du MASCULIN?
R. Ceux devant lesquels on peut mettre *le* ou *un.*

D. Pourquoi, dans cet exemple, LE *lion rugit*, LE *taureau mugit*, LE *loup hurle*, les substantifs *lion*, *taureau* et *loup* sont-ils du *masculin?*
R. Parcequ'on dit LE *lion*, LE *taureau*, LE *loup.*

D. Quels sont les *substantifs* du FÉMININ?
R. Ceux devant lesquels on peut mettre *la* ou *une.*

D. Pourquoi, dans cet exemple, LA *poule glousse*, LA *colombe gémit*, LA *brebis bêle*, les substantifs *poule*, *colombe* et *brebis* sont-ils du *féminin?*
R. Parcequ'on dit LA *poule*, LA *colombe*, LA *brebis.*

D. Qu'appèle-t-on GENRE des substantifs?
R. Le *masculin* et le *féminin.*

DU NOMBRE.

D. Quand les *substantifs* sont-ils au SINGULIER?
R. Lorsqu'ils expriment une *seule* personne ou une *seule* chose.

D. Quand les *substantifs* sont-ils au PLURIEL?
R. Lorsqu'ils expriment *plusieurs* personnes ou *plusieurs* choses.

D. Qu'appèle-t-on NOMBRES?
R. Le *singulier* et le *pluriel.*

DU SUBSTANTIF. (SUITE.)

Demande. Que doit-on faire lorsqu'on veut écrire un substantif au *pluriel?*

Réponse. Lorsqu'on veut écrire un substantif au *pluriel*, il faut ajouter un *s* à la fin.

D. Mais lorsque les substantifs finissent par un *s*, un *x* ou un *z* au *singulier*, que fait-on pour écrire ces substantifs au *pluriel?*

R. On les écrit au *pluriel* comme au *singulier.*

D. Qu'ajoute-t-on pour écrire au *pluriel* les substantifs terminés en *au*, en *eu* et quelques-uns en *ou?*

R. On ajoute un *x.*

D. Quelle règle suit-on pour écrire au *pluriel* les substantifs *composés?*

R. Lorsqu'un substantif est composé de deux substantifs, comme *chou-fleur;* — d'un substantif et d'un adjectif, comme *cerf-volant*, les deux mots prènent la marque du *pluriel.*

D. Suit-on la même règle à l'égard des substantifs composés de deux substantifs unis par une préposition, comme *ciel-DE-lit?*

R. Dans ce cas, le *premier* substantif prend seul la marque du *pluriel.*

D. Comment écrit-on au *pluriel* les substantifs composés d'un verbe et d'un substantif, comme *coupe-gorge*, ou d'un mot invariable et d'un substantif, comme *avant-coureur?*

R. Le substantif *seul* prend la marque du *pluriel.*

D. Comment connait-on la dernière lettre de certains substantifs au *singulier?*

R. En retranchant la terminaison des mots qui en sont formés.

D. Par quelle lettre finit le mot *galop?*

R. Par un *p.*

D. Pourquoi?

R. Parceque, en retranchant la terminaison *er* du mot *galoper*, il reste *galop*, dont la dernière lettre est un *p.*

§ 2. DE L'ADJECTIF. (GENRE.)

Demande. Par quelle lettre les adjectifs qualificatifs sont-ils terminés au *féminin?*

Réponse. Par la lettre *e*.

D. Si l'adjectif est terminé par un *e* au masculin, qu'ajoute-t-on pour le mettre au féminin?
R. Si l'adjectif est terminé par un *e* au masculin, il s'écrit de même au féminin.

D. Mais si l'adjectif n'est pas terminé par un *e* au masculin, comment forme-t-on le féminin?
R. On ajoute un *e* à l'adjectif masculin.

D. Quels sont les adjectifs qui doublent au féminin l'articulation finale du masculin?
R. Ce sont quelques adjectifs terminés au masculin par une de ces lettres, *l*, *n*, *s*, *t*, tels que

Crue l, *mitoye* n, *gro* s, *so* t,

qui font au féminin

Crue lle, *mitoye* nne, *gro* sse, *so* tte.

D. N'y a-t-il pas certains adjectifs qui changent au féminin l'articulation finale du masculin?
R. Oui. Ainsi,

1° Les adjectif en *f* changent ce *f* en *v* au féminin:
Lièvre crainti f, — *brebis crainti* ve.

2° Les adjectifs en *c* changent ce *c* en *qu* au féminin.
Age cadu c, — *santé cadu* que.

3° Les adjectifs en *eur* et en *eux* font *euse* au féminin:
Malheur affreu x, — *tempête affreu* se.

D. Comment les adjectifs *blanc*, *sec*, *frais*, *long* et *malin* font-ils au féminin?
R. Ils font. . . . . . *blanche*, *sèche*, *fraîche*, *longue* et *maligne*.

D. Comment connaît-on la finale d'un adjectif au masculin?
R. En supprimant le signe du féminin.

Ainsi, on écrit au masculin:

Point u, *bavar* d, *voisi* n, *humai* n, *assi* s, *peti* t.

Parcequ'on écrit au féminin:

Pointu e, *bavard* e, *voisin* e, *humain* e, *assis* e, *petit* e.

DE L'ADJECTIF. (NOMBRE.)

Demande. Comment forme-t-on le pluriel des adjectifs?
Réponse. Le pluriel des adjectifs se forme le plus souvent en ajoutant un *s* au singulier.

D. Les adjectifs pluriels terminés par le son *au* prènent-ils aussi un *s*?
R. Ils prènent un *x* au lieu d'un *s*.

D. Comment forme-t-on le pluriel des adjectifs terminés au singulier par un *s* ou par un *x*?
R. Ces adjectifs s'écrivent au pluriel comme au singulier.

ACCORD DE L'ADJECTIF.

D. A quel *genre* met-on l'adjectif?
R. L'adjectif doit être au même *genre* que le substantif qu'il détermine ou qu'il qualifie.

D. Pourquoi *le* et *farineux* sont-ils au *masculin* dans *Le haricot est farineux*?
R. Parceque le substantif *haricot* est du *masculin*.

D. Pourquoi *la* et *huileuse* sont-ils au *féminin* dans *La noix est huileuse*?
R. Parceque le substantif *noix* est du *féminin*.

D. A quel *genre* doit-on mettre l'adjectif qui qualifie les substantifs de genres différents?
R. L'adjectif doit rester au *masculin*.

D. A quel *nombre* met-on l'adjectif?
R. L'adjectif doit être au même *nombre* que le substantif qu'il détermine ou qu'il qualifie.

D. Pourquoi *la* et *froide* sont-ils au *singulier* dans *La pêche est froide*?
R. Parceque le substantif *pêche* est au singulier.

D. Pourquoi *les* et *fiévreuses* sont-ils au *pluriel* dans *Les fraises sont fiévreuses*?
R. Parceque le substantif *fraises* est au *pluriel*.

D. A quel nombre doit-on mettre l'adjectif qui qualifie plusieurs substantifs?
R. On doit le mettre au *pluriel*.

D. Quand le verbe est au pluriel, l'adjectif doit-il aussi se mettre toujours au pluriel?
R. L'adjectif reste au singulier s'il ne se rapporte qu'à un seul substantif au singulier.

§ 3. DU PRONOM.

Demande. Quelles sont les *personnes?*
Réponse. La personne *qui* parle est la *première;* celle *à qui* l'on parle est la *seconde;* celle *de qui* l'on parle est la *troisième.*

D. Dites quelles sont les trois personnes dans JE vous *dis que* SULLY *fut un grand ministre.*
R. *Je* est la première; *vous* est la deuxième; *Sully* est la troisième.

D. Comment appèle-t-on les pronoms qui expriment les personnes?
R. On les appèle *personnatifs.*

D. Quels sont les *personnatifs* dans JE VOUS *raconterai ce qu'*IL *a fait?*
R. *Je, vous, il.*

D. Quels sont les *personnatifs?*
R. :

1re pers.	*je, me, moi*	pour le singulier.
	nous.	pour le pluriel.
2e pers.	*tu, te, toi.* .	pour le singulier.
	vous.	pour le pluriel.
3e pers.	*il* et *le.* . . .	pour le masculin singulier.
	elle et *la.* . .	pour le féminin singulier.
	ils et *eux.* .	pour le masculin pluriel.
	elles.	pour le féminin pluriel.
	lui.	pour les deux genres au singulier.
	les et *leur.* .	pour les deux genres au pluriel.
	se, soi. . . .	pour les deux genres et les deux nombres.

D. N'y a-t-il pas encore d'autres pronoms?
R. Oui. On les distingue en *variables* et en *invariables.*

Les autres pronoms *variables* sont :

SINGULIER	masculin	*celui.*	féminin	*celle.*
		lequel.	—	*laquelle.*
PLURIEL	masculin	*ceux.*	féminin	*celles.*
		lesquels.	—	*lesquelles.*

Les autres pronoms *invariables* sont :
Qui, que, quoi, dont, en, y, où.

D. A quel genre et à quel nombre doivent être les pronoms?
R. Les pronoms sont toujours au même genre et au même nombre que les substantifs dont ils rappèlent l'idée ou qu'ils remplacent.

D. Quel est le genre et quel est le nombre de *celui* dans *C'est un méchant métier que* CELUI *de médire?*
R. *Celui* est au masculin et au singulier, parceque *métier* est au masculin et au singulier.

D. Quelle différence y a-t-il entre *leur,* adjectif variable, et *leur,* pronom invariable?
R. *Leur,* adjectif variable, signifie *d'eux, d'elles :* il est toujours suivi d'un substantif avec lequel il s'accorde. *Leur,* pronom invariable, signifie *à eux, à elles :* il est toujours suivi d'un verbe.

D. Quelle différence y a-t-il entre *ce* adjectif (CE *jeune homme*), et *se* pronom, signifiant *soi, à soi* (SE *perdra*)?
R. L'adjectif *ce* s'écrit par un *c :* il est toujours suivi d'un substantif (CE *jeune homme*); le pronom *se* s'écrit par un *s :* il est toujours suivi d'un verbe (SE *perdra*).

RÉCAPITULATION.

Demande. Qu'est-ce qu'un substantif *commun?*
Réponse. Celui qui convient à *toutes* les choses d'une même espèce.
D. Qu'est-ce qu'un substantif *individuel?*
R. C'est celui qui exprime une idée *particulière*, *individuelle.*
D. Quels sont les substantifs *masculins?*
R. Ceux devant lesquels on peut mettre *le* ou *un.*
D. Quels sont les substantifs *féminins?*
R. Ceux devant lesquels on peut mettre *la* ou *une.*
D. Qu'est-ce qu'on appèle *genres* des substantifs?
R. Le *masculin* et le *féminin.*
D. Quand les substantifs sont-ils au *singulier?*
R. Quand ils expriment une *seule* personne ou une *seule* chose.
D. Quand les substantifs sont-ils au *pluriel?*
R. Quand ils expriment *plusieurs* personnes ou *plusieurs* choses.
D. Qu'est-ce qu'on appèle *nombres?*
R. Le *singulier* et le *pluriel.*
D. Comment écrit-on un substantif au *pluriel?*
R. On ajoute un *s* à la fin.
D. Comment écrit-on au *pl.* les subst. finissant par *s*, *x* ou *z* au *sing.?*
R. On les écrit au *pluriel* comme au *singulier.*
D. Comment écrit-on au *pluriel* les subst. qui finissent en *au* et en *eu?*
R. Ces substantifs prènent encore un *x* final au pluriel.
D. Comment peut-on connaître l'articul. finale de certains subst.?
R. Il faut ôter la terminaison des mots qui en sont formés.
D. Comment l'adjectif qualificatif est-il terminé au *féminin?*
R. Il est terminé par un *e.*
D. L'articul. finale du mascul. reste-t-elle toujours la même au *féminin?*
R. Non. Ainsi *vif* fait *vi ve; blanc* fait *blan* che.
D. Que doit-on faire pour connaître l'artic. finale d'un adj. au *masc.?*
R. Il faut retrancher le signe du féminin.
D. Comment forme-t-on le *pluriel* des adjectifs?
R. En ajoutant un *s* au singulier.
D. Comment écrit-on les adjectifs pluriels terminés par *au?*
R. Ils prènent un *x* au lieu d'un *s.*
D A quel *genre* et à quel *nombre* l'adjectif doit-il être?
R. Au même *genre* et au même *nombre* que son substantif.
D. Dites quelles sont les trois *personnes?*
R. Celle *qui* parle, celle *à qui* l'on parle, celle *de qui* l'on parle.
D. Comment appèle-t-on les pronoms qui expriment les *personnes?*
R. *Pronoms* PERSONNATIFS.
D. A quel *genre* et à quel *nombre* les pronoms doivent-ils être?
R. Au même *genre* et au même *nombre* que leur substantif.

§ 4. DU VERBE.

Il faut que tu fasses **ton devoir** : *travaille* **donc, car** *je serais* **forcé de te** *punir*.

RÈGLE. — Il y a cinq *manières* (ou MODES) de présenter l'action, ou l'existence, exprimée par le verbe :

1° *Indéfiniment*, sans nombre ni personne. *punir.*
2° *Indicativement*. . . . . *il faut.*
3° *Conditionnellement*. . . . . *je serais*, SI.
4° *Impérativement* (ordre ou prière). . . *travaille.*
5° *Subjonctivement*. . . . . (IL FAUT) *que tu fasses.*

Punir est au mode INFINITIF ; *il faut* est à l'INDICATIF ; *je serais* est au CONDITIONNEL ; *travaille* est à l'IMPÉRATIF ; *que tu fasses* est au SUBJONCTIF.

Ainsi, quand on demande à quel *mode* est un verbe, on demande si ce verbe est à l'*infinitif*, à l'*indicatif*, au *conditionnel*, à l'*impératif*, ou au *subjonctif*.

Je vous *assure* **que je** *punirai* **l'élève qui** *a menti*.

RÈGLE. — Les verbes avec *aujourd'hui* sont au PRÉSENT.
——————avec *hier*. . . . sont au PASSÉ.
——————avec *demain*. . . sont au FUTUR.

On peut dire *j'assure*. . . . *aujourd'hui* c'est un PRÉSENT.
On peut dire *il a menti*. . . *hier*. . . . . c'est un PASSÉ.
On peut dire *je punirai*. . . *demain*. . . c'est un FUTUR.

Ainsi, quand on demande à quel *temps* est un verbe, on demande si ce verbe est au *passé*, au *présent*, ou au *futur*.

Je **lis**, *tu* **lis**, *il* **lit**.— *Nous* **lisons**, *vous* **lisez**, *ils* **lisent**.

RÈGLE. — Les verbes devant lesquels on peut mettre *je*, *tu*, *il*, sont au *singulier* (JE *lis*, TU *lis*, IL *lit*).

Les verbes devant lesquels on peut mettre *nous*, *vous*, *ils*, sont au *pluriel* (NOUS *lisons*, VOUS *lisez*, ILS *lisent*).

Je **lis**, *nous* **lisons**, *tu* **lis**, *vous* **lisez**, *il* **lit**, *ils* **lisent**.

RÈGLE. — Les verbes devant lesquels on peut mettre *je*, *nous*, sont à la première *personne* (JE *lis*, NOUS *lisons*).

Les verbes devant lesquels on peut mettre *tu*, *vous*, sont à la deuxième *personne* (TU *lis*, VOUS *lisez*).

Les verbes devant lesquels on peut mettre *il*, *ils*, ou un *substantif*, sont à la troisième *personne* (IL *lit*, ILS *lisent*; L'ENFANT *lit*, les ENFANTS *lisent*).

§ 4. DU VERBE.

(Faites souligner les VERBES *et nommer les* MODES.)

J'aime mieux (INDICATIF) *mourir* que me *déshonorer* (INFINITIF).
L'air *siffle*, le ciel *gronde* et l'onde au loin *mugit* (INDICATIF).
Quand l'avare *posséderait* tout l'or du monde, il ne *serait* pas encore content (CONDITIONNEL).
Lis, *médite*, *instruis*-toi (IMPÉRATIF).
Il faut (INDICAT.) *que j'aille* (SUBJ.) où mon devoir m'*appèle* (INDIC.).
Étudier (INFIN.), c'*est* (INDICAT.) *acquérir* (INFIN.) des richesses.
Je vous *rends* le respect que *je dois* à mon père (INDICATIF).
Quand l'homme vertueux n'*aurait* que le strict nécessaire, il *serait* plus riche que l'avare au milieu de ses trésors (CONDITIONNEL).
Craignez (IMPÉRATIF) de *déplaire* (INFINITIF) à vos parents.
Aimez (IMPÉRATIF) le travail, afinque *vous puissiez* (SUBJONCTIF) un jour vous *suffire* (INFINITIF) à vous-mêmes.

(Faites souligner les VERBES *et nommer* les TEMPS.)

Présent. Quand nous *nageons* dans l'abondance, nous ne *pensons* pas aux besoins d'autrui (*aujourd'hui*).
Passé. Napoléon *mourut* le 5 mai 1821 (*hier*).
Futur. On *établira* des chemins de fer dans toute la France (*demain*).
Présent. Les Japonais *brûlent* encore leurs morts (*aujourd'hui*).
Passé. On *a calculé* la distance du soleil à la terre (*hier*).
Futur. On *découvrira* encore de nouveaux pays (*demain*).

(Faites souligner les VERBES *et nommer les* NOMBRES.)

Louise *a* une vanité bien sotte (*singulier :* ELLE).
Elle *est* fière de ses cheveux et de ses robes (*singulier :* ELLE).
Elle n'*est* pas moins vaine de la fortune de ses parents (*singulier :* ELLE).
Vous *riez*, mes amis (*pluriel :* VOUS).

(Faites souligner les VERBES *et nommer les* PERSONNES.)

Le crayon noir naturel *est* une ardoise tendre (3e pers. IL).
Le crayon blanc naturel *est* de la craie très fine (3e pers. IL).
Le crayon rouge naturel *est* une sorte d'argile (3e pers. IL).
Vous *connaissez* les crayons gris (2e pers. VOUS).
Ils *servent* pour écrire sur l'ardoise (3e pers. ILS).
Je vous en *donnerai* qui *viènent* d'Allemagne (1re pers. JE *donnerai*. 3e pers. ILS *viènent*).
La France en *produit* aussi (3e pers. ELLE *produit*).

§ 4. DU VERBE.

Demande. Combien y a-t-il de manières, ou MODES, de présenter l'action, ou l'existence, exprimée par le verbe?
Réponse. *Cinq* manières ou *modes.*

D. Dites-les.
R. 1° *Indéfiniment*, sans nombre ni personne, comme *punir;*
2° *Indicativement*, comme *il faut;*
3° *Conditionnellement*, comme *je serais, si...;*
4° *Impérativement* (ordre ou prière), comme *travaille;*
5° *Subjonctivement*, c'est-à-dire sous la dépendance d'un autre verbe, comme IL FAUT *que tu fasses.*

D. Que demande-t-on quand on demande à quel *mode* est un verbe?
R. On demande si ce verbe est à l'*infinitif*, à l'*indicatif*, au *conditionnel*, à l'*impératif* ou au *subjonctif.*

D. Quand un verbe est-il au *présent*, au *passé* ou au *futur?*
R. Il est au *présent* quand on peut y ajouter *aujourd'hui;* il est au *passé* quand on peut y ajouter *hier*, et au *futur*, quand on peut y ajouter *demain.*

D. A quel temps est *j'assure?*
R. Au *présent*, car on peut dire *j'assure* AUJOURD'HUI.

D. A quel temps est *il a menti?*
R. Au *passé*, car on peut dire *il a menti* HIER.

D. A quel temps est *je punirai?*
R. Au *futur*, car on peut dire *je punirai* DEMAIN.

D. Qu'appèle-t-on TEMPS *du verbe?*
R. Le *passé*, le *présent* et le *futur.*

D. Que demande-t-on quand on demande à quel *temps* est un verbe?
R. On demande si ce verbe est au *passé*, au *présent* ou au *futur.*

D. Quand un verbe est-il au *singulier?*
R. Lorsqu'on peut mettre *je*, *tu*, *il* ou *elle* devant ce verbe.

D. Quand un verbe est-il au *pluriel?*
R. Lorsqu'on peut mettre *nous*, *vous*, *ils* ou *elles* devant ce verbe.

D. Quand un verbe est-il à la *première* personne?
R. Lorsqu'on peut mettre *je* ou *nous* devant ce verbe.

D. Quand un verbe est-il à la *deuxième* personne?
R. Lorsqu'on peut mettre *tu* ou *vous* devant ce verbe.

D. Quand un verbe est-il à la *troisième* personne?
R. Lorsqu'on peut mettre *il*, *elle*, *ils*, *elles*, ou un *substantif* devant ce verbe.

VERBE AVOIR.

1er MODE. — INFINITIF.

Au mode Infinitif, *l'action, ou l'existence, est présentée d'une manière* indéfinie, *sans nombre ni personne.*

Temps simples.	*Temps composés.*	
PRÉSENT OU FUTUR.	PASSÉ.	
Av *oir*	Av *oir*	eu

PARTICIPES.

PRÉSENT.	PASSÉ.	
Ay *ant*	Ay *ant*	eu

2e MODE. — INDICATIF.

Au mode Indicatif, *l'action, ou l'existence, est présentée d'une manière* positive, *sans dépendance d'aucun autre mot.*

PRÉSENT.	PASSÉ INDÉFINI.	
Aujourd'hui,	*Hier,*	
J' ai (*peur*)	J' ai	eu
Tu a *s*	Tu a *s*	eu
Il a	Il a	eu
Nous av *ons*	N. av *ons*	eu
Vous av *ez*	V. av *ez*	eu
Ils *ont.*	Ils *ont*	eu

PASSÉ IMPARFAIT.	PASSÉ PLUSQUEPARFAIT.	
Hier,	*Hier,*	
J' av *ais* (*faim*)	J' av *ais*	eu
Tu av *ais*	Tu av *ais*	eu
Il av *ait*	Il av *ait*	eu
N. av *ions*	N. av *ions*	eu
V. av *iez*	V. av *iez*	eu
Ils av *aient*	Ils av *aient*	eu

PASSÉ DÉFINI.	PASSÉ ANTÉRIEUR.	
Hier,	*Hier, dèsque*	
J' eu *s* (*soif*)	J' eu *s*	eu
Tu eu *s*	Tu eu *s*	eu
Il eu *t*	Il eu *t*	eu
N. eû *mes*	N. eû *mes*	eu
V. eû *tes*	V. eû *tes*	eu
Ils eu *rent*	Ils eu *rent*	eu

FUTUR.	FUTUR PASSÉ.	
Demain,	*Demain à midi,*	
J' au *rai* (*froid*)	J' au *rai*	eu
Tu au *ras*	Tu au *ras*	eu
Il au *ra*	Il au *ra*	eu
N. au *rons*	N. au *rons*	eu
V. au *rez*	V. au *rez*	eu
Ils au *ront*	Ils au *ront*	eu

SUITE DU VERBE AVOIR.

3e MODE. — CONDITIONNEL.

Au mode Conditionnel, *l'action, ou l'existence, est présentée avec dépendance d'une* condition.

Temps simples.	*Temps composés.*	
PRÉSENT.	PASSÉ.	
Aujourd'hui, si on le voulait,	*Hier, si on l'avait voulu,*	
J' au*rais* (*du plaisir*)	J' au*rais*	eu
Tu au*rais*	Tu au*rais*	eu
Il au*rait*	Il au*rait*	eu
N. au*rions*	N. au*rions*	eu
V. au*riez*	V. au*riez*	eu
Ils au*raient*	Ils au*raient*	eu

AUTRE PASSÉ. J'eu*sse* eu, tu eu*sses* eu, il eû*t* eu, nous eu*ssions* eu, vous eu*ssiez* eu, ils eu*ssent* eu.

4e MODE. — IMPÉRATIF.

Au mode Impératif, *l'action, ou l'existence, est présentée sous la forme d'un desir, d'une prière ou d'un ordre.*

PRÉSENT.	PASSÉ.	
Aujourd'hui,	*Demain à midi,*	
Ai *e* (*du courage*)	Ai *e*	eu
Ay *ons*	Ay *ons*	eu
Ay *ez*	Ay *ez*	eu

5e MODE. — SUBJONCTIF.

Au mode Subjonctif, *l'action, ou l'existence, est présentée avec dépendance d'un autre verbe qui le précède.*

PRÉSENT OU FUTUR.	PASSÉ ANTÉRIEUR.	
Il faut	*Il est possible.*	
Que j' ai *e* (*un prix*)	Que j' ai *e*	eu
Que tu ai *es*	Que tu ai *es*	eu
Qu' il ai *t*	Qu' il ai *t*	eu
Que n. ay*ons*	Que n. ay *ons*	eu
Que v. ay*ez*	Que v. ay *ez*	eu
Qu' ils ai *ent*	Qu' ils ai *ent*	eu

PASSÉ IMPARFAIT.	PASSÉ PLUSQUEPARFAIT.	
Hier, il fallait	*Hier, on voulait*	
Que j' eu*sse* (*raison*)	Que j' eu*sse*	eu
Que tu eu*sses*	Que tu eu*sses*	eu
Qu' il eû*t*	Qu' il eû*t*	eu
Que n. eu*ssions*	Que n. eu*ssions*	eu
Que v. eu*ssiez*	Que v. eu*ssiez*	eu
Qu' ils eu*ssent*	Qu' ils eu*ssent*	eu

VERBE AVOIR.

1° (*Dites la première* PERSONNE : *l'élève finira le temps.*)

LE MAITRE. J'ai. . . . . *L'EL.* Tu as, il a, nous avons etc.
LE M. J'avais. . . . . *EL.* Tu avais, il avait, n. avions etc.
LE M. J'avais eu. . . . . *EL.* Tu avais eu, il avait eu etc.

2° (*Demandez un* TEMPS : *l'élève le conjuguera.*)

LE MAITRE. Futur? *EL.* J'aurai, tu auras, il aura etc.
M. Passé du conditionnel? *EL.* J'aurais eu, tu aurais eu etc.
M. Passé imparfait du subjonctif? *EL.* Que j'eusse, que tu eusses etc.

3° (*Dites une* PERSONNE : *l'élève dira la personne* CORRESPONDANTE.)

LE MAITRE. Tu as. . . . . *EL.* Vous avez.
M. Ils ont eu. . . . . *EL.* Il a eu.
M. Que nous ayons. . . . . *EL.* Que j'aie.

4° (*Demandez une personne à tel* NOMBRE, *à tel* TEMPS *et à tel* MODE, *l'élève la dira.*)

LE M. Première personne du singulier du passé imparfait de l'indicatif?
L'EL. J'avais.

LE M. Troisième personne du pluriel du futur?
L'EL. Ils auront.

LE M. Deuxième personne du pluriel du présent de l'Impératif?
L'EL. Ayez.

1° (*Écrivez la première* PERSONNE : *l'élève finira le temps.*)

LE M. J'aurai. . . . . *L'EL.* Tu auras, il aura, nous aurons etc.
LE M. Que j'eusse. . . . . *EL.* Que tu eusses, qu'il eût etc.
LE M. J'aurais eu. . . . . *EL.* Tu aurais eu, il aurait eu etc.

2° (*Demandez un* TEMPS : *l'élève l'écrira.*)

LE M. Futur passé? . . . . *EL.* J'aurai eu, tu auras eu etc.
LE M. Présent de l'impératif? . . *EL.* Aie, ayons, ayez.
LE M. Passé de l'infinitif? . . . *EL.* Avoir eu.

3° (*Demandez une personne à tel* NOMBRE, *à tel* TEMPS *et à tel* MODE : *l'élève l'écrira.*)

LE M. Deuxième personne du pluriel du présent de l'indicatif?
L'EL. Vous avez.

LE M. Première personne du singulier du futur passé?
L'EL. J'aurai eu.

LE M. Troisième personne du pluriel du passé imparfait du subjonctif?
L'EL. Qu'il eussent.

4° (*Dites une* PERSONNE : *l'élève en écrira l'analyse.*)

LE M. Vous aviez.
L'EL. Deuxième personne du pluriel du passé imparfait de l'indicatif.

LE M. Ayons.
L'EL. Première personne du pluriel de l'impératif présent.

LE M. Avoir eu.
L'EL. Passé de l'infinitif.

VERBE ÊTRE.

1er MODE. — INFINITIF.

Au mode Infinitif, *l'action*, *ou l'existence*, *est présentée d'une manière* indéfinie, *sans nombre ni personne.*

Temps simples.		*Temps composés.*	
PRÉSENT *OU* FUTUR.		PASSÉ.	
Êt *re*		Av *oir*	été

PARTICIPES.

PRÉSENT.	PASSÉ.	
Ét *ant*	Ay *ant*	été

2e MODE. — INDICATIF.

Au mode Indicatif, *l'action*, *ou l'existence*, *est présentée d'une manière* positive, *sans dépendance d'aucun autre mot.*

PRÉSENT.	PASSÉ INDÉFINI.	
Aujourd'hui,	*Hier*,	
Je sui *s* (*vertueux*)	J' ai	été
Tu e *s*	Tu a *s*	été
Il es *t*	Il a	été
N. som *mes*	N. av *ons*	été
V. êt *es*	V. av *ez*	été
Ils so *nt*	Ils *ont*	été
PASSÉ IMPARFAIT.	PASSÉ PLUSQUEPARFAIT.	
Hier,	*Hier*,	
J' ét *ais* (*joyeux*)	J' av *ais*	été
Tu ét *ais*	Tu av *ais*	été
Il ét *ait*	Il av *ait*	été
N. ét *ions*	N. av *ions*	été
V. ét *iez*	V. av *iez*	été
Ils ét *aient*	Ils av *aient*	été
PASSÉ DÉFINI.	PASSÉ ANTÉRIEUR.	
Hier,	*Hier, dèsque*	
Je fu *s* (*peureux*)	J' eu *s*	été
Tu fu *s*	Tu eu *s*	été
Il fu *t*	Il eu *t*	été
N. fû *mes*.	N. eû *mes*	été
V. fû *tes*	V. eû *tes*	été
Ils fu *rent*	Ils eu *rent*	été
FUTUR.	FUTUR PASSÉ.	
Demain,	*Demain à midi*,	
Je se *rai* (*courageux*)	J' au *rai*	été
Tu se *ras*	Tu au *ras*	été
Il se *ra*	Il au *ra*	été
N. se *rons*	N. au *rons*	été
V. se *rez*	V. au *rez*	été
Ils se *ront*	Ils au *ront*	été

SUITE DU VERBE ÊTRE.

3e MODE. — CONDITIONNEL.

Au mode Conditionnel, *l'action, ou l'existence, est présentée avec dépendance d'une* condition.

Temps simples.	*Temps composés.*	
PRÉSENT.	PASSÉ.	
Aujourd'hui, si on le voulait,	*Hier, si on l'avait voulu,*	
Je se *rais* (*heureux*)	J' au *rais*	été
Tu se *rais*	Tu au *rais*	été
Il se *rait*	Il au *rait*	été
N. se *rions*	N. au *rions*	été
V. se *riez*	V. au *riez*	été
Ils se *raient*	Ils au *raient*	été

AUTRE PASSÉ. J'eu *sse* été, tu eu *sses* été, il eû *t* été, nous eu *ssions* été, vous eu *ssiez* été, ils eu *ssent* été

4e MODE. — IMPÉRATIF.

Au mode Impératif, *l'action, ou l'existence, est présentée sous la forme d'un desir, d'une prière ou d'un ordre.*

PRÉSENT.	PASSÉ.	
Aujourd'hui,	*Demain à midi,*	
Sois (*studieux*)	Ai *e*	été
Soy *ons*	Ay *ons*	été
Soy *ez*	Ay *ez*	été

5e MODE. — SUBJONCTIF.

Au mode Subjonctif, *l'action, ou l'existence, est présentée avec dépendance d'un autre verbe qui précède.*

PRÉSENT OU FUTUR.	PASSÉ INDÉFINI.	
Il faut	*Il est possible*	
Que je soi *s* (*généreux*)	Que j' ai *e*	été
Que tu soi *s*	Que tu ai *es*	été
Qu' il soi *t*	Qu' il ai *t*	été
Que n. soy *ons*	Que n. ay *ons*	été
Que v. soy *ez*	Que v. ay *ez*	été
Qu' ils soi *ent*	Qu' ils ai *ent*	été

PASSÉ IMPARFAIT.	PASSÉ PLUSQUEPARFAIT.	
Hier, il fallait	*Hier, on voulait*	
Que je fu *sse* (*soumis*)	Que j' eu *sse*	été
Que tu fu *sses*	Que tu eu *sses*	été
Qu' il fû *t*	Qu' il eû *t*	été
Que n. fu *ssions*	Que n. eu *ssions*	été
Que v. fu *ssiez*	Que v. eu *ssiez*	été
Qu' ils fu *ssent*	Qu' ils eu *ssent*	été

VERBE ÊTRE.

1° (*Dites la première* PERSONNE : *l'élève finira le temps.*)

LE M. Je suis. . . . . *L'ÉL.* Tu es, il est, nous sommes etc.
M. J'étais. . . . . *EL.* Tu étais, il était, nous étions etc.
M. J'avais été. . . . . *EL.* Tu avais été, il avait été etc.

2° (*Demandez un* TEMPS : *l'élève le conjuguera.*)

LE M. Futur? *L'EL.* Je serai, tu seras, il sera etc.
M. Passé du conditionnel? *EL.* J'aurais été, tu aurais été etc.
M. Passé imparfait du subjonctif? *EL.* Que je fusse, que tu fusses etc.

3° (*Dites une* PERSONNE : *l'élève dira la personne* CORRESPONDANTE.)

LE M. Tu es. . . . . *L'EL.* Vous êtes.
M. Ils ont été. . . . . *EL.* Il a été.
M. Que nous soyons. . . . . *EL.* Que je sois.

4° (*Demandez une personne à tel* NOMBRE, *à tel* TEMPS *et à tel* MODE : *l'élève la dira.*)

LE M. Première personne du singulier de l'imparfait de l'indicatif?
L'EL. J'étais.

M. Troisième personne du pluriel du futur?
EL. Ils seront.

M. Deuxième personne du pluriel du présent de l'impératif?
EL. Soyez.

1° (*Écrivez la première* PERSONNE : *l'élève finira d'écrire le temps.*)

LE M. Je serai. . . . . *EL.* Tu seras, il sera, n. serons etc.
M. Que je fusse. . . . . *EL.* Que tu fusses, qu'il fût etc.
M. J'aurais été. . . . . *EL.* Tu aurais été, il aurait été etc.

2° (*Demandez un* TEMPS : *l'élève l'écrira.*)

LE M. Futur passé? *L'EL.* J'aurai été, tu auras été etc.
M. Présent de l'impératif? *EL.* Sois, soyons, soyez.
M. Passé de l'infinitif? *EL.* Avoir été.

3° (*Demandez une personne à tel* NOMBRE, *à tel* TEMPS *et à tel* MODE : *l'élève l'écrira.*)

LE M. Deuxième personne du pluriel du présent de l'indicatif?
L'EL. Vous êtes.

M. Première personne du singulier du futur passé?
EL. J'aurai été.

M. Troisième personne du pluriel du passé imparfait du subjonctif?
EL. Qu'ils fussent.

4° (*Dites une* PERSONNE ; *l'élève en écrira l'analyse.*)

LE M. Vous étiez.
L'EL. Deuxième personne du pluriel du passé imparfait du subjonctif.
M. Soyons.
EL. Première personne du pluriel de l'impératif présent.
M. Avoir été.
EL. Passé de l'infinitif.

VERBE EN ER.

1er MODE. — INFINITIF.

Temps simples.	*Temps composés.*	
PRÉSENT *ou* FUTUR.	PASSÉ.	
Parl *er*	Av *oir*	parlé

PARTICIPES.

PRÉSENT.	PASSÉ.	
Parl *ant*	Ay *ant*	parlé

2e MODE. — INDICATIF.

PRÉSENT.	PASSÉ INDÉFINI.	
Aujourd'hui,	*Hier,*	
Je parl *e*	J' ai	parlé
Tu parl *es*	Tu a *s*	parlé
Il parl *e*	Il a	parlé
N. parl *ons*	N. av *ons*	parlé
V. parl *ez*	V. av *ez*	parlé
Ils parl *ent*	Ils *ont*	parlé

PASSÉ IMPARFAIT.	PASSÉ PLUSQUEPARFAIT.	
Hier,	*Hier,*	
Je parl *ais*	J' av *ais*	parlé
Tu parl *ais*	Tu av *ais*	parlé
Il parl *ait*	Il av *ait*	parlé
N. parl *ions*	N. av *ions*	parlé
V. parl *iez*	V. av *iez*	parlé
Ils parl *aient*	Ils av *aient*	parlé

PASSÉ DÉFINI.	PASSÉ ANTÉRIEUR.	
Hier,	*Hier, dèsque*	
Je parl *ai*	J' eu *s*	parlé
Tu parl *as*	Tu eu *s*	parlé
Il parl *a*	Il eu *t*	parlé
N. parl *âmes*	N. eû *mes*	parlé
V. parl *âtes*	V. eû *tes*	parlé
Ils parl *èrent*	Ils eu *rent*	parlé

FUTUR.	FUTUR PASSÉ.	
Demain,	*Demain à midi,*	
Je parle *rai*	J' au *rai*	parlé
Tu parle *ras*	Tu au *ras*	parlé
Il parle *ra*	Il au *ra*	parlé
N. parle *rons*	N. au *rons*	parlé
V. parle *rez*	V. au *rez*	parlé
Ils parle *ront*	Ils au *ront*	parlé

SUITE DU VERBE EN ER.

3e MODE. — CONDITIONNEL.

Temps simples.		*Temps composés.*	
PRÉSENT.		PASSÉ.	
Aujourd'hui, si on le voulait,		*Hier, si on l'avait voulu,*	
Je parle *rais*		J' au *rais*	parlé
Tu parle *rais*		Tu au *rais*	parlé
Il parle *rait*		Il au *rait*	parlé
N. parle *rions*		N. au *rions*	parlé
V. parle *riez*		V. au *riez*	parlé
Ils parle *raient.*		Ils au *raient*	parlé

AUTRE PASSÉ. J'eu *sse* parlé, tu eu *sses* parlé, il eû *t* parlé, nous eu *ssions* parlé, vous eu *ssiez* parlé, ils eu *ssent* parlé.

4e MODE. — IMPÉRATIF.

PRÉSENT.	PASSÉ.	
Aujourd'hui,	*Demain, à midi,*	
Parl *e*	Ai *e*	parlé
Parl *ons*	Ay *ons*	parlé
Parl *ez*	Ay *ez*	parlé

5e MODE. — SUBJONCTIF.

PRÉSENT *ou* FUTUR.	PASSÉ INDÉFINI.	
Il faut	*Il est possible*	
Que je parl *e*	Que j' ai *e*	parlé
Que tu parl *es*	Que tu ai *es*	parlé
Qu' il parl *e*	Qu' il ai *t*	parlé
Que n. parl *ions*	Que n. ay *ons*	parlé
Que v. parl *iez*	Que v. ay *ez*	parlé
Qu' ils parl *ent*	Qu' ils ai *ent*	parlé

PASSÉ IMPARFAIT.	PASSÉ PLUSQUEPARFAIT.	
Hier, il fallait	*Hier, on voulait*	
Que je parl *asse*	Que j' eu *sse*	parlé
Que tu parl *asses*	Que tu eu *sses*	parlé
Qu' il parl *ât*	Qu' il eû *t*	parlé
Que n. parl *assions*	Que n. eu *ssions*	parlé
Que v. parl *assiez*	Que v. eu *ssiez*	parlé
Qu' ils parl *assent*	Qu' ils eu *ssent*	parlé

VERBE EN ER.

1° (*Dites la première* PERSONNE : *l'élève finira le temps.*)

LE M. Je parle.	*L'EL.* Tu parles, il parle etc.
M. Je parlais.	*EL.* Tu parlais, il parlait etc.
M. J'avais parlé.	*EL.* Tu avais parlé, il avait parlé etc.

2° (*Demandez un* TEMPS : *l'élève le conjuguera.*)

LE M. Futur?	*L'EL.* Je parlerai, tu parleras etc.
M. Passé du conditionnel?	*EL.* J'aurais parlé, tu aurais parlé etc.
M. Passé imparfait du subjonctif?	*EL.* Que je parlasse, que tu parlasses, qu'il parlât etc.

3° (*Dites une* PERSONNE : *l'élève dira la personne* CORRESPONDANTE.)

LE M. Tu parles.	*L'EL.* Vous parlez.
M. Ils ont parlé.	*EL.* Il a parlé.
M. Que nous parlions.	*EL.* Que je parle.

4° (*Demandez une personne à tel* NOMBRE, *à tel* TEMPS *et à tel* MODE : *l'élève la dira.*)

LE M. Première personne du singulier du passé imparfait de l'indicatif?
L'EL. Je parlais.

M. Troisième personne du pluriel du futur?
EL. Ils parleront.

M. Deuxième personne du pluriel du présent de l'impératif?
EL. Parlez.

1° (*Écrivez la première* PERSONNE : *l'élève finira d'écrire le temps.*)

LE M. Je parlerai.	*L'EL.* Tu parleras, il parlera etc.
M. Que je parlasse.	*EL.* Que tu parlasses, qu'il parlât etc.
M. J'aurais parlé.	*EL.* Tu aurais parlé etc.

2° (*Demandez un* TEMPS : *l'élève l'écrira.*)

LE M. Futur passé?	*L'EL.* J'aurai parlé, tu auras parlé.
M. Présent de l'impératif?	*EL.* Parle, parlons, parlez.
M. Passé de l'infinitif?	*EL.* Avoir parlé.

3° (*Demandez une personne à tel* NOMBRE, *à tel* TEMPS *et à tel* MODE : *l'élève l'écrira.*)

LE M. Deuxième personne du pluriel du présent de l'indicatif?
L'EL. Vous parlez.

M. Première personne du singulier du futur passé?
EL. J'aurai parlé.

M. Troisième personne du pluriel du passé imparfait du subjonctif?
EL. Qu'ils parlassent.

4° (*Dites une* PERSONNE : *l'élève en écrira l'analyse.*)

LE M. Vous parliez.
L'EL. Deuxième personne du pluriel du passé imparfait de l'indicatif.
M. Parlons.
EL. Première personne du pluriel de l'impératif présent.
M. Avoir parlé.
EL. Passé de l'infinitif.

VERBE EN IR.

1er MODE. — INFINITIF.

Temps simples.		*Temps composés.*	
PRÉSENT *ou* FUTUR.		PASSÉ.	
Fin *ir*		Av *oir*	fini

PARTICIPES.

PRÉSENT.		PASSÉ.	
Fini *ssant*		Ay *ant*	fini

2e MODE. — INDICATIF.

PRÉSENT.		PASSÉ INDÉFINI.	
Aujourd'hui,		*Hier,*	
Je fini	*s*	J' ai	fini
Tu fini	*s*	Tu a *s*	fini
Il fini	*t*	Il a	fini
N. fini	*ssons*	N. av *ons*	fini
V. fini	*ssez*	V. av *ez*	fini
Ils fini	*ssent*	Ils *ont*	fini

PASSÉ IMPARFAIT.		PASSÉ PLUSQUEPARFAIT.	
Hier,		*Hier,*	
Je fini	*ssais*	J' av *ais*	fini
Tu fini	*ssais*	Tu av *ais*	fini
Il fini	*ssait*	Il av *ait*	fini
N. fini	*ssions*	N. av *ions*	fini
V. fini	*ssiez*	V. av *iez*	fini
Ils fini	*ssaient*	Ils av *aient*	fini

PASSÉ DÉFINI.		PASSÉ ANTÉRIEUR.	
Hier,		*Hier, dès que*	
Je fini	*s*	J' eu *s*	fini
Tu fini	*s*	Tu eu *s*	fini
Il fini	*t*	Il eu *t*	fini
N. finî	*mes*	N. eû *mes*	fini
V. finî	*tes*	V. eû *tes*	fini
Ils fini	*rent*	Ils eu *rent*	fini

FUTUR.		FUTUR PASSÉ.	
Demain,		*Demain à midi,*	
Je fini	*rai*	J' au *rai*	fini
Tu fini	*ras*	Tu au *ras*	fini
Il fini	*ra*	Il au *ra*	fini
N. fini	*rons*	N. au *rons*	fini
V. fini	*rez*	V. au *rez*	fini
Ils fini	*ront*	Ils au *ront*	fini

SUITE DU VERBE EN IR.

3e MODE. — CONDITIONNEL.

Temps simples.		*Temps composés.*	
PRÉSENT.		PASSÉ.	
Aujourd'hui, si on le voulait,		*Hier, si on l'avait voulu,*	
Je fini *rais*		J' au *rais*	fini
Tu fini *rais*		Tu au *rais*	fini
Il fini *rait*		Il au *rait*	fini
N. fini *rions*		N. au *rions*	fini
V. fini *riez*		V. au *riez*	fini
Ils fini *raient*		Ils au *raient*	fini

AUTRE PASSÉ. J'eu *sse* fini, tu eu *sses* fini, il eû *t* fini, nous eu *ssions* fini, vous eu *ssiez* fini, ils eu *ssent* fini.

4e MODE. — IMPÉRATIF.

PRÉSENT.	PASSÉ.	
Aujourd'hui,	*Demain à midi,*	
Fini *s*	Ai *e*	fini
Fini *ssons*	Ay *ons*	fini
Fini *ssez*	Ay *ez*	fini

5e MODE. — SUBJONCTIF.

PRÉSENT *OU* FUTUR.	PASSÉ INDÉFINI.	
Il faut	*Il est possible*	
Que je fini *sse*	Que j' ai *e*	fini
Que tu fini *sses*	Que tu ai *es*	fini
Qu' il fini *sse*	Qu' il ai *t*	fini
Que n. fini *ssions*	Que n. ay *ons*	fini
Que v. fini *ssiez*	Que v. ay *ez*	fini
Qu' ils fini *ssent*	Qu' ils ai *ent*	fini

PASSÉ IMPARFAIT.	PASSÉ PLUSQUEPARFAIT.	
Hier, il fallait	*Hier, on voulait*	
Que je fini *sse*	Que j' eu *sse*	fini
Que tu fini *sses*	Que tu eu *sses*	fini
Qu' il finî *t*	Qu' il eû *t*	fini
Que n. fini *ssions*	Que n. eu *ssions*	fini
Que v. fini *ssiez*	Que v. eu *ssiez*	fini
Qu' ils fini *ssent*	Qu' ils eu *ssent*	fini

VERBE EN IR.

1° (*Dites la première* PERSONNE : *l'élève finira le temps.*)

LE M. Je finis. . . . . *L'EL.* Tu finis, il finit etc.
M. Je finissais. . . . . *EL.* Tu finissais, il finissait etc.
M. J'avais fini. . . . . *EL.* Tu avais fini, il avait fini etc.

2° (*Demandez un* TEMPS : *l'élève le conjuguera.*)

LE M. Futur?. . . . . *L'EL.* Je finirai, tu finiras etc.
M. Passé du conditionnel?. . . . *EL.* J'aurais fini, tu aurais fini etc.
M. Passé imparf. du subjonctif? EL. Que je finisse, que tu finisses etc.

3ᵉ (*Demandez une* PERSONNE : *l'élève dira la personne* CORRESPONDANTE.)

LE M. Tu finis. . . . . *L'EL.* Vous finissez.
M. Ils ont fini. . . . . *EL.* Il a fini.
M. Que nous finissions. . . . . . *EL.* Que je finisse.

4° (*Demandez une personne à tel* NOMBRE, *à tel* TEMPS *et à tel* MODE : *l'élève la dira.*)

LE M. Première personne du singulier du passé imparfait de l'indicatif?
EL. Je finissais.

M. Troisième personne du pluriel du futur?
EL. Ils finiront.

M. Deuxième personne du pluriel du présent de l'impératif?
EL. Finissez.

1° (*Écrivez la première* PERSONNE : *l'élève finira d'écrire le temps.*)

LE M. Je finirai. . . . . *L'EL.* Tu finiras, il finira etc.
M. Que je finisse. (Imparf.). . . . *EL.* Que tu finisses, qu'il finît etc.
M. J'aurais fini. . . . . *EL.* Tu aurais fini, il aurait fini etc.

2° (*Demandez un* TEMPS : *l'élève l'écrira.*)

LE M. Futur passé?. . . . . . . *L'EL.* J'aurai fini, tu auras fini etc.
M. Présent de l'impératif?. . . . *EL.* Finis, finissons, finissez.
M. Passé de l'infinitif?. . . . . . *EL.* Avoir fini.

3° (*Demandez une personne à tel* NOMBRE, *à tel* TEMPS *et à tel* MODE : *l'élève l'écrira.*)

LE M. Deuxième personne du pluriel du présent de l'indicatif?
L'EL. Vous finissez.

M. Première personne du singulier du futur passé?
EL. J'aurai fini.

M. Troisième personne du pluriel du passé imparfait du subjonctif?
EL. Qu'ils finissent.

4° (*Dites une* PERSONNE : *l'élève en écrira l'analyse.*)

LE M. Vous finissez.
L'EL. Deuxième personne du plur. du passé imparfait de l'indicatif.
M. Finissons.
EL. Première personne du pluriel de l'impératif présent.
M. Avoir fini.
EL. Passé de l'infinitif.

VERBE EN RE.

1er MODE. — INFINITIF.

Temps simples.	*Temps composés.*	
PRÉSENT *OU* FUTUR.	PASSÉ.	
Vend *re*	Av *oir*	vendu

PARTICIPES.

PRÉSENT.	PASSÉ.	
Vend *ant*	Ay *ant*	vendu

2e MODE. — INDICATIF.

PRÉSENT.	PASSÉ INDÉFINI.	
Aujourd'hui,	*Hier,*	
Je vend *s*	J' ai	vendu
Tu vend *s*	Tu a	vendu
Il vend	Il a	vendu
N. vend *ons*	N. av *ons*	vendu
V. vend *ez*	V. av *ez*	vendu
Ils vend *ent*	Ils *ont*	vendu

PASSÉ IMPARFAIT.	PASSÉ PLUSQUEPARFAIT.	
Hier,	*Hier,*	
Je vend *ais*	J' av *ais*	vendu
Tu vend *ais*	Tu av *ais*	vendu
Il vend *ait*	Il av *ait*	vendu
N. vend *ions*	N. av *ions*	vendu
V. vend *iez*	V. av *iez*	vendu
Ils vend *aient*	Ils av *aient*	vendu

PASSÉ DÉFINI.	PASSÉ ANTÉRIEUR.	
Hier,	*Hier, dèsque*	
Je vend *is*	J' eu *s*	vendu
Tu vend *is*	Tu eu *s*	vendu
Il vend *it*	Il eu *t*	vendu
N. vend *îmes*	N. eû *mes*	vendu
V. vend *îtes*	V. eû *tes*	vendu
Ils vend *irent*	Ils eu *rent*	vendu

FUTUR.	FUTUR PASSÉ.	
Demain,	*Demain à midi,*	
Je vend *rai*	J' au *rai*	vendu
Tu vend *ras*	Tu au *ras*	vendu
Il vend *ra*	Il au *ra*	vendu
N. vend *rons*	N. au *rons*	vendu
V. vend *rez*	V. au *rez*	vendu
Ils vend *ront*	Ils au *ront*	vendu

SUITE DU VERBE EN RE.

3e MODE. — CONDITIONNEL.

Temps simples.	*Temps composés.*
PRÉSENT.	PASSÉ.
Aujourd'hui, si on le voulait,	*Hier, si on l'avait voulu,*
Je vend *rais*	J' au *rais* vendu
Tu vend *rais*	Tu au *rais* vendu
Il vend *rait*	Il au *rait* vendu
N. vend *rions*	N. au *rions* vendu
V. vend *riez*	V. au *riez* vendu
Ils vend *raient*	Ils au *raient* vendu

AUTRE PASSÉ. J'eu *sse* vendu, tu eu *sses* vendu, il eû *t* vendu, nous eu *ssions* vendu, vous eu *ssiez* vendu, ils eu *ssent* vendu.

4e MODE. — IMPÉRATIF.

PRÉSENT.	PASSÉ.
Aujourd'hui,	*Demain à midi,*
Vend *s*	Ai *e* vendu
Vend *ons*	Ay *ons* vendu
Vend *ez*	Ay *ez* vendu

5e MODE. — SUBJONCTIF.

PRÉSENT *ou* FUTUR.	PASSÉ INDÉFINI.
Il faut	*Il est possible*
Que je vend *e*	Que j' ai *e* vendu
Que tu vend *es*	Que tu ai *es* vendu
Qu' il vend *e*	Qu' il ai *t* vendu
Que n. vend *ions*	Que n. ay *ons* vendu
Que v. vend *iez*	Que v. ay *ez* vendu
Qu' ils vend *ent*	Qu' ils ai *ent* vendu

PASSÉ IMPARFAIT.	PASSÉ PLUSQUEPARFAIT.
Hier, il fallait	*Hier, on voulait*
Que je vend *isse*	Que j' eu *sse* vendu
Que tu vend *isses*	Que tu eu *sses* vendu
Qu' il vend *ît*	Qu' il eû *t* vendu
Que n. vend *issions*	Que n. eu *ssions* vendu
Que v. vend *issiez*	Que v. eu *ssiez* vendu
Qu' ils vend *issent*	Qu' ils eu *ssent* vendu

VERBE EN RE.

1° (*Dites la première* PERSONNE : *l'élève finira le temps.*)

LE M. Je vends. . . . . *L'EL.* Tu vends, il vend etc.
M. Je vendais. . . . . *EL.* Tu vendais, il vendait etc.
M. J'avais vendu. . . . . *EL.* Tu avais vendu, il avait vendu.

2° (*Demandez un* TEMPS : *l'élève le conjuguera.*)

LE M. Futur? . . . . *L'EL.* Je vendrai, tu vendras etc.
M. Passé du conditionnel? . . . . *EL.* J'aurais vendu, tu aurais etc.
M. Passé imparfait du subjonctif? *EL.* Que je vendisse etc.

3° (*Dites une* PERSONNE : *l'élève dira la personne* CORRESPONDANTE.)

LE M. Que nous vendions. . . . *L'EL.* Que je vende.
M. Tu vends. . . . . *EL.* Vous vendez.
M. Ils ont vendu. . . . . *EL.* Il a vendu.

4° (*Demandez une personne à tel* NOMBRE, *à tel* TEMPS *et à tel* MODE : *l'élève la dira.*)

LE M. Première personne du singulier du passé imparf. de l'indicatif?
L'EL. Je vendais.
M. Troisième personne du pluriel du futur?
EL. Ils vendront.
M. Deuxième personne du pluriel du présent de l'impératif?
EL. Vendez.

1° (*Écrivez la première* PERSONNE : *l'élève finira d'écrire le temps.*)

LE M. Je vendrai. . . . . *L'EL.* Tu vendras, il vendra etc.
M. Que je vendisse. . . . . *EL.* Que tu vendisses, qu'il vendît etc.
M. J'aurais vendu. . . . . *EL.* Tu aurais vendu, il aurait etc.

2° (*Demandez un* TEMPS : *l'élève l'écrira.*)

LE M. Futur passé? . . . . *L'EL.* J'aurai vendu, tu auras etc.
M. Présent de l'impératif? . . . *EL.* Vends, vendons, vendez.
M. Passé de l'infinitif? . . . . . *EL.* Avoir vendu.

3° (*Demandez une personne à tel* NOMBRE, *à tel* TEMPS *et à tel* MODE : *l'élève l'écrira.*)

LE M. Deuxième personne du pluriel du présent de l'indicatif?
L'EL. Vous vendez.
M. Première personne du singulier du futur passé?
EL. J'aurai vendu.
M. Troisième personne du pluriel du passé imparfait du subjonctif?
EL. Qu'ils vendissent.

4° (*Dites une* PERSONNE : *l'élève en écrira l'analyse.*)

LE M. Vous vendiez.
L'EL. Deuxième personue du pluriel du passé imparfait de l'indicatif.
M. Vendons.
EL. Première personne du pluriel de l'impératif présent.
M. Avoir vendu.
EL. Passé de l'infinitif.

DU VERBE. (SUITE.)

FINALES DES PERSONNES.

Je sui *s* content quand je travaill *e*.

RÈGLE. — La 1re personne du singulier finit le plus souvent par *e* ou par *s* (je *travaill* e, je *sui* s).

J'aim *ai* et j'aimer *ai* toujours le travail.

RÈGLE.—Lorsque la première personne d'un temps *simple* finit pour l'oreille par le son *é*, on représente ce son par *ai* (*j'aim* ai, *j'aimer* ai).

Je pourr *ais* tout si je voula *ais*.

RÈGLE.—Lorsque la même personne finit pour l'oreille par le son *è*, on représente ce son par *ais* (*je pourr* ais, *je voul* ais).

Si tu men *s* tu sera *s* puni.

RÈGLE. — La 2e personne du *singulier* finit le plus souvent par *s* (*men* s, *tu sera* s).

1re EXCEPTION. — On écrit par *x* à la 1re personne et à la 2e les verbes *je veu* x, *tu peu* x, *je vau* x, *tu te prévau* x.

Consol *e* les pauvres; ouvr *e*-leur ta bourse.

2e EXCEPTION. — A l'*impératif*, lorsque la 2e personne du sing. finit par le son *e*, on l'écrit sans *s* final (*consol* e, *ouvr* e).

RÈGLE.—La 3e personne du *singulier* finit toujours par une de ces lettres *d*, *a*, *t*, *e* (*date*).

Après un orage, la terre repren *d* sa fraîcheur.

1° On écrit par *d* les verbes terminés en *dre* à l'infinitif (*repren* dre, *il repren* d).

On évit *e* les curieux.— Napoléon gagn *a* bien des batailles.

2° On écrit par *a* ou par *e* les verbes qui font entendre le son final *a* ou *e* (*on évit* e, *il gagn* a).

Il vainqui *t* les Autrichiens à Marengo en 1800.

3° On écrit par *t* tous les autres verbes (*il vainqui* t).

Nous sav *ons* trop peu ce que nous som *mes*.

RÈGLE. — La 1re personne du *pluriel* s'écrit par *ons* (*nous sav* ons), ou par *mes* (*nous som* mes).

Fai *tes* ce que vous voul *ez* qu'on vous fasse.

RÈGLE. — La 2e personne du *pluriel* s'écrit par *tes* (*vous fai* tes), ou par *ez* (*vous voul* ez).

Les jeux qui exerc *ent* le corps et l'esprit s *ont* les meilleurs.

RÈGLE. — La 3e personne du *pluriel* s'écrit par *ent* (*ils exerc* ent), par *ont* (*ils* ont), et par *aient*.

(*Voyez le* QUESTIONNAIRE, *p.* 76)

DU VERBE. (SUITE.)

FINALES DES PERSONNES.

(*Dictez les* PHRASES *suivantes et faites souligner les* FINALES.)

Je crain s le méchant et ***je*** le ***fui s.***
J'aim e les belles actions.
J'écri s ma leçon, ***je*** l'***apprend*** s par cœur et ***je*** la ***récit*** e.
J'admir e les tableaux de nos grands peintres.

Je dir ai toujours la vérité; ***je*** ne la ***cacher*** ai jamais.
Je courus trop fort et ***je tomb*** ai.
J' ai bien vécu : ***je mourr*** ai sans remords.

Si ***j'apport*** ais plus d'attention à ce que ***je f*** ais, ***je commettr*** ais moins de fautes.
Si ***j'ét*** ais puissant, ***je fer*** ais des heureux.

Si ***tu perd*** s ton temps, ***tu*** t'en ***repentira*** s.
Tu parle s trop souvent.
Tu réussira s si ***tu sui*** s mes conseils.

Je veu x faire du bien.
Ne te ***prévau*** x pas de tes talents.
Tu entreprends plus que ***tu peu*** x.

Aim e ton semblable.
Secour e-le dans ses besoins.
Arm e-toi de courage contre l'adversité.
Honor e ton père et ta mère.

La vanité nous ***ren*** d aussi dupes que sots.
Une baleine qui allaite son petit le ***défen*** d avec courage.

La boussole ***dirig*** e les vaisseaux.
La neige est un manteau qui ***préserve*** la terre des rigueurs de l'hiver.
La peste ***désol*** a Marseille en 1720.

La terre ***nourri*** t les hommes.
On se ***voi*** t d'un autre œil qu'on ***voi*** t son prochain.

L'or ***ser*** t à faire de jolis bijoux.
Nous appren ons beaucoup mieux ce que ***nous compren*** ons.
Nous fû mes, ***nous som*** mes et ***nous ser*** ons.
Content ons-***nous*** de ce que ***nous av*** ons.
Quand vous ê tes au jeu, ***pens*** ez au jeu.
Quand ***vous ê*** tes au travail, ***pens*** ez au travail.

Les personnes d'esprit ne ***s*** ont jamais laides.
Les pluies d'orages ***s*** ont très salutaires : ***elles rafraîchiss*** ent l'air et ***tempér*** ent la chaleur excessive.

DU VERBE. (SUITE.)

Ne for ç ons point notre talent.

RÈGLE. — Dans les verbes en *cer* et en *cevoir* on emploie le *ç* devant *a*, *o*, *u*, afin d'avoir la valeur du *s*.
En *cer* : *nous tra* ç *ons*, *il effa* ç *ait*, *nous mena* ç *âmes*.
En *cevoir* : *je con* ç *ois*, *il aper* ç *ut*, *nous re* ç *ûmes*.

Si l'ennemi paraît, songe e ons à nous défendre.

RÈGLE. — Dans les verbes en *ger*, le *g*, pour conserver la valeur du *j*, doit être suivi d'un *e* devant *a* et *o*.
Nous oblig e *ons*, *il partag* e *ait*, *nous voyag* e *âmes*.

On renouv è le un bail. — On interj è te appel.

RÈGLE. — Dans les verbes en *eler*, *ener*, *eser*, *eter*, le son *e* devient *è* quand la dernière syllabe finit par *e*.
P e *ler*, *m* e *ner*, *p* e *ser*, *j* e *ter*
Je *p* è *le*, *je m* è *ne*, *je p* è *se*, *je j* è te

Poss è de-toi ; mod è re tes désirs.

RÈGLE. — Dans les verbes en *éder*, *éger*, *éter*, *érer*, le son *é* devient *è* quand la dernière syllabe finit par *e*.
Poss é *der*, *abr* é *ger*, *c* é *ler*, *mod* é *rer*.
Je poss è *de*, *j'abr* è *ge*, *je c* è *le*, *je mod* è *re*.

Sois propre : bala i e, essu i e et néto i e partout.

RÈGLE. — Dans les verbes en *ayer*, *oyer* et *uyer*, l'*y* se change en *i* devant *e*.
Bala y *er*, *néto* y *er*, *tuto* y *er*, *essu* y *er*.
Je bala i *e*, *je néto* i *e*, *je tuto* i *e*, *j'essu* i *e*.

Il faut que nous pl ii ons notre humeur à celle des autres.

RÈGLE. — Ne confondez pas la 1re personne plurielle du présent de l'indicatif (*ons*), ni la 2e (*ez*) avec les mêmes personnes du passé imparfait et du présent du subjonctif (*ions*, *iez*). Ainsi écrivez :

Présent de l'indicatif.	*Nous pri* ons ;	*vous essuy* ez.
Passé imparfait. . . .	*Nous pri* ions ;	*vous essuy* iez.
Présent du subjonctif.	*Que nous pri* ions ;	*que vous essuy* iez.

Vous prendr ez goût à l'étude quand vous l'apprécie rez bien.

RÈGLE. — Le futur simple et le conditionnel simple se forment du présent de l'infinitif. Écrivez donc :

Infinitif. . .	*conclu* re,	*coud* re,	*pourvoi* r,	*crée* r.
Fut. simple.	*Je conclu* rai,	*coud* rai,	*pourvoi* rai,	*crée* rai.
Et non pas.	*Je conclu* e rai,	*coud* e rai,	*pourvoi* e rai,	*cr* é rai,

(*Voy.* le QUESTIONNAIRE, *p.* 77.)

DU VERBE. (SUITE.)

(*Dictez l'* INFINITIF, *puis la phrase qui suit.*)

Tancer. — Le maître *tan* ç *a* ces petits marmots qui *lan* ç *aient* des pierres.

Bercer. — Ne *ber* ç *ons* point les enfants.

Exercer. — *Exer* ç *ons* toutes nos facultés.

Ensemencer. — On *ensemen* ç *a* au mois de novembre.

Partager. — Il *partag* e *a* son pain avec un enfant.

Songer. — Je *song* e *ais* cette nuit que j'étais riche, et que j'*obli-g* e *ais* tout le monde.

Ménager. — *Ménag* e *ons* le temps, car la vie en est faite.

App e *ler.* — Comment s'*app* e *le* le chef-lieu des Ardennes? Mézières.

J e *ter.* — Je n'aime pas ceux qui *j* e *tent* des pierres aux oiseaux.

Ach e *ter.* — Si tu *ach* è *tes* le superflu, tu vendras bientôt le nécessaire.

Mener. — Il faut que la raison seule *m* è *ne* les hommes.

Étiqu e *ter.* — On *étiqu* è *te* des marchandises.

Alt é *rer.* — On *alt* è *re* sa santé par l'intempérance.

Préc é *der.* — Le calme *préc* è *de* la tempête.

Pén é *trer.* — Il faut que l'instruction *pén* è *tre* partout.

Refl é *ter.* — La lune *refl* è *te* la lumière du soleil.

Bro y *er.* — On *bro* i *e* des couleurs.

Côto y *er.* — On *côto* i *e* un rivage.

Appu y *er.* — On *appu* i *e* une demande.

Ennu y *er.* — Le bavard *ennu* i *e.*

Essa y *er.* — Nous *essa* i *erions* en vain de lire dans l'avenir.

Crier. — Vous *cr* i i *ez* bien fort hier; vous ne *cr* i *ez* pas si haut maintenant.

Croire. — Nous *cro* yi *ons* autrefois à bien des absurdités; nous n'y *cro* y *ons* presque plus.

Effrayer. — Vous *effra* y *ez* encore les enfants par des contes absurdes; il faut que vous ne les *effra* yi *ez* plus ainsi.

Ennu y *er.* — Quand nous ne fesons rien, nous nous *ennu* y *ons* : travaillons donc pour que nous ne nous *ennu* yi *ons* pas.

Aimer. — *Répondre.* — Je vous *aime* rai tant que vous *répond* rez à mes soins.

Éviter. — *Perdre.* — Vous *évit* erez les méchants, car ils vous *perd* raient.

Continuer. — *Étendre.* — Nous *étend* rons nos connaissances tant que nous *continue* rons à lire de bons ouvrages.

DU VERBE. (SUITE.)

§ 1. PARTICIPES.

Obéissant **volontiers, ces enfants sont** *aimés.*

RÈGLE.—Il y a des mots qui expriment tantôt une *affirmation*, tantôt une *qualité* (OBÉISSANT, AIMÉS).

Ces mots s'appèlent PARTICIPES, puisqu'ils *participent* du verbe et de l'adjectif.

Obéissant, *aimés* participent du verbe, car ils expriment une *affirmation.* (*Ces enfants* OBÉISSENT, *on les* AIME.)

Obéissant, *aimés* participent de l'adjectif, car ils expriment une *qualité.* (*Ils sont* OBÉISSANTS, *ils sont* AIMÉS.)

Obéissant et *aimés* sont donc des PARTICIPES.

Voyez vous ces guerriers *défiant* **l'ennemi ?**

RÈGLE.— Tous les participes terminés en *ant* sont des *participes* PRÉSENTS.

Défiant est un *participe* PRÉSENT.

La bataille d'Austerlitz fut *livrée* **le 2 décembre 1805.**

RÈGLE.—Les autres participes sont des *participes* PASSÉS.

On les reconnaît parcequ'on peut les faire précéder de *ayant*, *étant.*

Livré est un *participe* PASSÉ, car on peut dire AYANT *livré*, ÉTANT *livré.*

§ 2. PARTICIPE PRÉSENT.

La calomnie va toujours *croissant.*

RÈGLE. — Le participe *présent* est toujours invariable (*la calomnie va* CROISSANT, et non *croissante*).

Une personne, *obligeant* **quelquefois, peut n'être pas naturellement** *obligeante.*

RÈGLE.—Pour distinguer les participes présents des adjectifs terminés en *ant*, remarquez que le participe présent exprime une *action* momentanée comme le verbe (OBLIGEANT *quelquefois*), tandisque l'adjectif exprime une *qualité* permanente (*une personne naturellement* OBLIGEANTE).

Remarquez encore que le participe présent peut être remplacé par une autre forme du verbe précédé de *qui* (OBLIGEANT *quelquefois*, c'est-à-dire QUI OBLIGE *quelquefois*), et que l'adjectif seul peut être remplacé par un autre adjectif (*une personne* OBLIGEANTE, c'est-à-dire *serviable*).

(*Voyez le* QUESTIONNAIRE, *p.* 78.)

DU VERBE. (SUITE).

§ 1. PARTICIPES.

(*Faites souligner les* PARTICIPES.)

Les vieillards ont une figure ***imposant*** le respect.

On a toujours ***représenté*** la Victoire ***portée*** sur un char.

Guttenberg s'est ***illustré*** par l'invention de l'imprimerie.

Tout le monde m'a ***offert*** des services, personne ne m'en a ***rendu***.

Gardez-vous des boissons ***échauffant*** la poitrine ou ***égarant*** la raison.

Les Romains d'aujourd'hui ont ***dégénéré*** de leurs ancêtres.

Le maréchal Ney s'est ***couvert*** de gloire en ***combattant*** vaillamment au passage de la Moscowa.

Vous peindrai-je Napoléon ***visitant*** le champ de bataille, ***distribuant*** des consolations et des secours aux blessés, et ***détachant*** sa croix pour en décorer un brave?

Vous le peindrai-je aussi ***entouré*** d'un nombreux état-major,
Supplié par des rois vaincus,
Félicité, ***béni*** par des populations entières?
Pourquoi faut-il qu'il ait ***oublié*** son origine?
Pourquoi, fils de la liberté, a-t-il ***voulu*** étouffer sa mère?

§ 2. PARTICIPE PRÉSENT.

(*Faites souligner les* PARTICIPES PRÉSENTS.)

M. Un loup ***enlevant*** un agneau.	***F.*** Une louve ***enlevant*** une brebis.
S. Un agneau ***bondissant*** sur l'herbe.	***P.*** Des brebis ***bondissant*** sur l'herbe.

(*Faites souligner les* ADJECTIFS *et les* PARTICIPES PRÉSENTS.)

ADJECTIFS	PARTICIPES
Une mère ***aimant*** e.	Une mère ***aimant*** sa famille.
Des bruits ***alarmant*** s.	Des bruits ***alarmant*** les esprits.
Une porte ***battant*** e.	Une porte ***battant*** contre le mur.
Des enfants ***carressant*** s.	Des enfants ***caressant*** leur mère.
Une pluie ***fécondant*** e.	Une pluie ***fécondant*** la terre.
Des paroles ***offensant*** es.	Des paroles ***offensant*** la pudeur.
Une posture ***suppliant*** e.	Des esclaves ***suppliant*** le maître.
Une plainte ***touchant*** e.	Une plainte ***touchant*** les cœurs.
On prend sans peine les oiseaux ***vivant*** s.	La société se compose d'hommes ***vivant*** sous les mêmes lois.

DU VERBE. (SUITE).

PARTICIPE PASSÉ.

Une chose *promis* **e est** *du* **e.**

RÈGLE. — Le *participe passé*, seul ou joint au verbe *être*, est un véritable *adjectif* (chose *promis* e, *du* e).

RÈGLE. — Lorsque le participe *passé* est joint au verbe *avoir*, il est tantôt *adjectif* et tantôt *verbe*.

Adjectif, il varie ; *verbe*, il est invariable.

RÈGLE. — Pour savoir si le participe passé est adjectif, joignez-le au substantif ou au pronom qui précède, *en supprimant tous les mots qui les séparent*. Si cette réunion ne change pas le sens de la phrase, le participe est *adjectif* : conséquemment il s'accorde.

Étudiez la leçon (que je vous ai) *donné* **e.**

Otant *que je vous ai*, il reste *la leçon... donné* e. Le sens de la phrase n'étant pas changé, *donnée* est *adjectif*.

Mes enfants (ont toujours) *pratiqué* **la vertu.**

Otant *ont toujours*, il reste *mes enfants... pratiqué*, ce qui change le sens de la phrase : *pratiqué* est *verbe*.

Les élèves (que j'ai) *entendu* **s parler seront punis.**

Otant *que j'ai*, il reste *les élèves... entendus*. Le sens de la phrase n'étant pas changé, *entendus* est *adjectif*.

Les élèves (que j'ai) *entendu* **gronder par le professeur.**

Otant *que j'ai*, il reste *les élèves... entendu*, ce qui change le sens de la phrase : *entendu* est *verbe*.

Je lui ai rendu tous les services (que j'ai) *pu*.

Otant *que j'ai*, il reste *les services.... pu* : ce qui n'est pas français. (*Les services que j'ai pu*. . . . RENDRE.)

Combien d'heures (a-t-il) *dormi*?

Otant *a-t-il*, il reste *combien d'heures... dormi* : ce qui change la phrase. (PENDANT *combien d'heures*.....?)

Nos soldats (se sont) *ménagé* **une retraite glorieuse.**

Otant *se sont*, il reste *nos soldats..... ménagé* : ce qui change la phrase. (*Ils* ONT *ménagé à eux une retraite*.)

[Le verbe *être* s'emploie souvent pour le verbe *avoir*.]

Ce cheval ne vaut pas 200 francs. — Il les *a valu* **et** *coûté*.
Savez-vous que de soins vous m'avez *coûté* **s ?**

RÈGLE. — Lorsqu'il s'agit d'argent, *valu* et *coûté* sont invariables ; mais ils varient quand ils sont employés dans le sens de *causé*, *occasionné*, *procuré*.

(*Voyez le* QUESTIONNAIRE, *p*. 79.)

DU VERBE. (SUITE.)

PARTICIPE PASSÉ.

Les belles actions *caché* es sont les plus estimables.
Les lois sont *fait* es pour tous.
L'Amérique fut *découvert* e en 1492.
Minerve sortit tout *armé* e du cerveau de Jupiter.

On se rappèle avec plaisir les victoires (que l'on a) *remporté* es sur ses camarades.
L'histoire naturelle (que Buffon a si bien) *expliqué* e est fort intéressante.

Jupiter (s'étant) *révolté* (contre Saturne, son père, fut) *chassé* du ciel.
On dit que c'est un moine (qui a) *inventé* la poudre.
Franklin (a) *inventé* les paratonnerres.
Nos soldats sont très braves : je les (1) (ai) *vu* s se précipiter sur l'ennemi : je les (ai) *entendu* s crier *vive la France!*
Une faute est une dette (qu'on a) *contracté* e, et qu'on acquitte par le châtiment.
Les meilleurs discours (sont ceux que le cœur a) *dicté* s.
Je voudrais bien pouvoir reconnaître les soins (que vous m'avez) *donnés* dans ma jeunesse.

J'ai été visiter les fortifications (de Lille que j'avais) *entendu* vanter.
Les manufactures (que j'ai) *voulu* voir à Saint-Quentin, à Rouen et à Lyon, font honneur à notre pays.

La Loire (est plus large à Nantes qu'on ne l'avait) *dit*.
Avez-vous secouru autant de malheureux (que vous avez) *pu*?

Les trente années (qu'Alexandre a) *vécu* ont suffi pour le rendre célèbre.
Les deux jours (que j'ai) *marché* m'ont fatigué.

Les deux plus forts élèves (se sont) *disputé* le prix. [Ont *disputé* entre eux.]
Que de peuples (se sont) *prescrit* des lois qu'ils n'ont pas suivies! [Ont *prescrit* à eux.]
Les Anglais (se sont longtemps) *attiré* notre haine. [Ont *attiré*.]

Une mère ne regrète pas les peines que son fils lui a *coûté* es.
Les prix que notre application nous a *valu* s ont contenté nos parents.
Si vous saviez les sommes que le séjour des alliés nous a *coûté*, vous en seriez effrayés.

---

(1) *Les* pour *eux*.

DU VERBE. (SUITE.)

§ 1. SUJETS DES VERBES.

L'*hirondelle* **gazouille.— Le** *tonnerre* **gronde.**

RÈGLE. — Le *sujet* d'un verbe est le mot qui répond à la question *qui est-ce qui ?* ou *qu'est-ce qui ?*

QUI EST-CE QUI gazouille ? L'*hirondelle.*

QU'EST-CE QUI gronde ? Le *tonnerre.*

Hirondelle et *tonnerre* sont donc des SUJETS.

La *Seine* **traverse Paris :** *elle* **passe aussi à Rouen.**

RÈGLE. — Le *sujet* d'un verbe est un substantif ou un pronom, indifféremment.

Le substantif *Seine* est sujet du verbe *traverse.*

Le pronom *elle* est sujet du verbe *passe.*

§ 2. COMPLÉMENTS DES VERBES ET DES PRÉPOSITIONS.

Lisez l'*histoire* **de** *Guillaume Tell.*

RÈGLE. — Le *complément* d'un verbe ou d'une préposition est le mot qui répond à la question *qui* ou *quoi.*

Lisez QUOI ? L'*histoire.*

De QUI ? de *Guillaume Tell.*

Histoire et *Guillaume Tell* sont donc des COMPLÉMENTS.

Aimons nos *parents* **et respectons-***les.*

RÈGLE. — Le *complément* est un substantif ou un pronom.

Le substantif *parents* est complément du verbe *aimons.*

Le pronom *les*....... est complément du verbe *respectons.*

§ 3. DIFFÉRENTES SORTES DE VERBES.

Le son *parcourt* **351 mètres par seconde.**

RÈGLE. — On appèle *transitifs* les verbes après lesquels on peut mettre *quelqu'un* ou *quelque chose.*

Parcourir est un verbe TRANSITIF.

La lumière *arrive* **du soleil en 8 minutes et 13 secondes.**

RÈGLE. — On appèle *intransitifs* les verbes après lesquels on ne peut mettre ni *quelqu'un* ni *quelque chose.*

Arriver est un verbe INTRANSITIF.

Vous vous *abstiendrez* **de mentir.**

RÈGLE. — On appèle *pronominaux* les verbes qui se conjuguent avec *deux pronoms* de la même personne.

VOUS VOUS *abstiendrez* est un verbe PRONOMINAL.

Il *faut* **travailler.— Il** *importe* **d'être sage.**

RÈGLES. — On appèle *unipersonnels* les verbes qui ne sont usités qu'à UNE *personne* de chaque temps.

Il faut, il importe, sont des verbes UNIPERSONNELS.

(*Voyez le* QUESTIONNAIRE, *p.* 80.)

DU VERBE. (SUITE.)

§ 1. SUJETS DES VERBES.

(*Faites souligner les* SUJETS.)

Une *chute* toujours entraîne une autre chute.
Quelques *crimes* toujours précèdent les grands crimes.
Le vrai *patriote* donne sa vie pour la liberté.
La *rareté* des richesses est la source de presque toutes les misères humaines.
Les *Français* parlent vite; *ils* agissent quelquefois lentement.
Les *Samoïèdes* vivent fort longtemps, quoiqu'*ils* ne se nourrissent que de poissons crus.
Nos *soldats* sont braves : *ils* vont gaiment au combat.

§ 2. COMPLÉMENTS DES VERBES ET DES PRÉPOSITIONS.

(*Faites souligner les* COMPLÉMENTS.)

Jenner a découvert la *vaccine*.
La mer Caspienne est en *Asie*.
La chaleur change l'*eau* en *vapeurs*.
On pêche aussi le *corail* dans la *Méditerranée*.
Lisez les *fables* de *Lafontaine*.
Ne faites *rien* dans le *moment* de la *colère* : vous embarqueriez-vous pendant une *tempête?*
Archimède avait inventé un *miroir* avec *lequel* il pouvait embraser un *vaisseau* à plusieurs *lieues* de *distance*.
L'aimant guide les *navigateurs* : il *les* dirige sur la route *qu'ils* (1) doivent parcourir.

§ 3. DIFFÉRENTES SORTES DE VERBES.

Le froid *purifie* l'air.
Les oiseaux *construisent* leurs nids avec un art admirable.
On dit que les aigles *accoutument* leurs petits à *fixer* le soleil.
La lecture *orne* l'esprit, *règle* les mœurs et *forme* le jugement.

La marmotte *dort* pendant six mois.
La paresse *chemine* si lentement que la pauvreté ne *tarde* pas à l'atteindre.
L'eau qui *tombe* goutte à goutte *parvient* à détruire la pierre.

Tu te perdras par ton ambition.
Rien ne *se répand* plus vite que la contagion.
Les Français *se sont emparés* de la Hollande en 1795.
Nous nous embarquâmes à Toulon pour Alger.

Il tonne souvent pendant l'année.
Il neige quelquefois au mois de mai.
Il pleut souvent dans le Limousin.
Il faut soixante minutes pour faire une heure.

---

(1) *Qu'ils* pour *que* (laquelle) *ils*.

RÉCAPITULATION.

La 1re pers. du *sing.* finit par *e*, par *s* ou par *x*.
La 2e pers. du *sing.* finit par *s* ou par *x*.
La 3e pers. du *sing.* finit par une des lettres *d*, *a*, *t*, *e*.
La 1re pers. du *plur.* finit par *ons* ou par *mes*.
La 2e pers. du *plur.* finit par *ez* ou par *tes*.
La 3e pers. du *plur.* finit par *ont*, *ent* ou *aient*.

Dans les verbes en *cer* et en *cevoir*, on emploie *ç* devant *a*, *o*, *u*. (*Nous tra ç ons, il mena ç a, il aper ç ut.*)

Dans les verbes en *ger*, on met un *e* après le *g* devant *a* et *o*. (*Nous oblig* e *ons, il partag* e *a.*)

Le son *e* des verbes en E*ler*, E*ner*, E*ser*, E*ter* devient *è*, si la dernière syllabe finit par *e* (*p* e *ser*, je *p* è *se*).

Le son *é* des verbes en É*der*, É*ler*, É*rer*, É*ter* devient *è*, si la dernière syllabe finit par *e* (c é *ler*, *je* c è *le*).

Dans les verbes en *ayer*, *oyer*, *uyer*, l'*y* devient *i* devant *e* (*pa* y *er*, *je pa* i *e*; *essu* y *er*, *j'essu* i *e*).

Les mots qui expriment tantôt une *affirmation*, tantôt une *qualité*, s'appèlent PARTICIPES.

Les participes en *ant* sont des *participes* PRÉSENTS: les autres participes sont des *participes* PASSÉS.

Les participes présents sont toujours *invariables*.

Pour les distinguer des adjectifs terminés en *ant*, rappelez-vous que l'adjectif exprime une *qualité*, tandis que le participe présent exprime une *action*.

Le participe passé, seul ou joint au verbe *être*, est un véritable *adjectif*.

Lorsque le participe passé est joint au verbe *avoir*, il est tantôt *adjectif* et tantôt *verbe*.

Pour savoir si le participe passé est adjectif ou verbe, joignez-le au substantif ou au pronom qui précède, *en supprimant tous les mots qui les séparent*. Si cette réunion ne change pas le sens de la phrase, le participe est *adjectif*: conséquemment, il s'accorde.

Le *sujet* d'un verbe est le mot qui répond à la question *qui est-ce qui?* ou *qu'est-ce qui?*

Le *complément* d'un verbe ou d'une préposition est le mot qui répond à la question *qui?* ou *quoi?*

Les verbes *transitifs* sont ceux après lesquels on peut mettre *quelqu'un* ou *quelque chose*.

Les verbes *intransitifs* sont ceux après lesquels on ne peut mettre ni *quelqu'un* ni *quelque chose*.

Il y a des verbes *pronominaux* et des verbes *unipersonnels*.

(*Voyez le* QUESTIONNAIRE, *p.* 78.)

RÉCAPITULATION.

J'aime et je me ***plai***s à faire du bien.

Tu te ***prévau***x trop de ce que tu ***sai***s.

L'oiseau ***v***a, ***vien***t, ***vol***e et ***fen***d l'air.

Examinons bien ce que nous ***som***mes.

Songez à ce que vous ***dit***es.

Les rivières ***sort***ent des montagnes.

S'élancer.—Napoléon ***s'élan*** ç ***a*** sur le pont d'Arcole.

Forcer.—Ne ***for*** ç ***ons*** point notre talent.

Exiger.—N'***exig*** e ***ons*** que ce qui nous est dû.

Assiéger.—On ***assièg*** e ***a*** la ville.

P e ***ser.***—Le sage ***p*** è ***se*** ses paroles.

Niv e ***ler.***—On ***niv*** è ***le*** un terrain.

Cach e ***ter.***—On ***cach*** è ***te*** une lettre.

Dép e ***cer.***—On ***dép*** è ***ce*** un lièvre.

R é ***gner.*** Il faut que l'égalité ***r*** è ***gne*** sur la terre.

Abo y ***er.*** Chien qui ***abo*** i e ne mord pas.

Emplo y ***er.***—***Emplo*** i ***e*** bien ton temps.

Les Spartiates étaient fort sobres, ne ***dormant*** presque point, ***travaillant*** toujours, ***supportant*** aisément le froid et le chaud.

Les personnes ***aimant*** tout le monde sont ordinairement ***caressantes.***

Chose ***promis***e, chose ***du***e.

Les trompeurs sont souvent ***tromp***és.

Les Portugais (ont) ***devancé*** les autres peuples dans la découverte des terres inconnues.

Que de crimes (n'avez-vous pas) ***remarqués*** dans l'histoire de Louis XI!

Les hirondelles (que nous avons) ***vu***es revenir nous (ont) ***annoncé*** le retour du printemps.

Il faut toujours être reconnaissant des bienfaits (qu'on a) ***reçu***s.

La ***Suisse*** offre de beaux sites.

Le ***travail*** et l'***économie*** produisent l'aisance.

On nomme ***Iles Britanniques*** les ***deux îles*** qui comprennent l'***Angleterre***, l'***Écosse*** et l'***Irlande.***

L'ordre ***a*** trois avantages : il ***soulage*** la mémoire, il ***ménage*** le temps, il ***conserve*** les choses.

Le désir de ***paraître*** habile empêche souvent de le ***devenir.***

Nous NOUS ***opposerons*** toujours au mal. — Tu TE ***flattes*** trop.

DU VERBE. (SUITE.)

FINALES DES PERSONNES.

Demande. Par quelles lettres finit la 1re PERSONNE du ***singulier?***
Réponse. Presque toujours par un ***e***, comme dans ***je travaill*** e, ou par un ***s***, comme dans ***je sui*** s.

D. Comment représente-t-on le son *é* de la 1re personne des temps *simples?*
R. Par *a i*, comme ***j'aim*** ai, ***j'aimer*** ai.

D. Comment représente-t-on le son *è* de la 1re personne?
R. Par ***a i s***, comme ***je pourr*** ais, ***je voul*** ais.

D. Par quelle lettre finit la 2e PERSONNE du ***singulier?***
R. Presque toujours par ***s***, comme dans ***tu men*** s, ***tu sera*** s.

D. Quels sont les verbes qui finissent par *x* à la 1re personne du singulier et à la deuxième?
R. Les quatre verbes ***je veu*** x, ***tu peu*** x, ***je vau*** x, ***tu te prévau*** x.

D. Les verbes terminés par le son ***e*** à la 2e personne du singulier de l'*impératif* prènent-ils aussi un ***s*** final?
R. Non.

D. Par quelle lettre finit la 3e PERSONNE du ***singulier?***
R. Toujours par une de ces lettres ***d, a, t, e.***

D. Quels sont les verbes qui finissent par *d* à la 3e pers. du singulier?
R. La plupart de ceux qui font ***dre*** à l'infinitif.

D. Quels sont les verbes qui finissent par *e* ou par *a* à la 3e personne du singulier
R. Les verbes terminés par l'un de ces deux sons.

D. Quelles sont les verbes qui finissent par ***t*** à la 3e personne du singulier?
R. Tous les autres verbes.

D. Par quelles lettres finit la 1re PERSONNE du ***pluriel?***
R. Par *o n s*, comme dans ***nous sav*** ons; par ***m e s***, comme dans ***nous som*** mes.

D. Par quelles lettres finit la 2e PERSONNE du ***pluriel?***
R. Par ***e z***, comme dans ***vous voul*** ez; par ***t e s***, comme dans ***vous fai*** tes.

D. Par quelles lettres finit la 3e PERSONNE du ***pluriel?***
R. Par ***e n t***, pour le son final ***e;*** par ***o n t***, pour le son final ***on***, et par ***a i e n t***, pour le son final ***è.***

DU VERBE. (SUITE.)

Demande. Par quelle lettre remplace-t-on le *c* devant *a*, *o*, *u*, dans les verbes en *cer* et en *cevoir.*
Réponse. Par un *ç.*

D. Pourquoi?
R. Pour avoir partout la valeur du *s.*

D. Dans les verbes en *ger*, quelle lettre met-on après le *g* devant *a* et *o?*
R. Un *e.*

D. Pourquoi?
R. Pour conserver au *g* la valeur du *j.*

D. Dans les verbes en *eler*, *eter*, etc., le son *e* n'est-il pas quelquefois remplacé par un autre son?
R. Oui : si la dernière syllabe finit par *e*, le son *e* de e*ler*, e*ter*, etc., est remplacé par le son *è*. Ainsi *p*e*ler* fait *je p*è*le*, *j*e*ter* fait *je j*è*te.*

D. Dans les verbes en *éder*, *éger*, *éler*, etc., le son *é* n'est-il pas quelquefois remplacé par un autre son?
R. Oui : si la dernière syllabe finit par un *e*, le son *é* de é*der*, é*ger*, é*ler*, etc., est remplacé par le son *è*. Ainsi *poss*é*der* fait *je poss*è*de*, *abr*é*ger* fait *j'abr*è*ge.*

D. Les verbes en *ayer*, *oyer* et *uyer* conservent-ils l'*y* dans tous leurs temps et à toutes leurs personnes?
R. Non : l'*y* est remplacé par *i* devant *e*. Ainsi *bala*y*er* fait *je bala*i*e*, *néto*y*er* fait *je néto*i*e*, etc.

D. Quelle est la terminaison de la 1re personne du pluriel du présent de l'indicatif?
R. *ons*, comme dans *nous aim*ons.

D. Quelle est la terminaison de la 1re personne du pluriel du passé imparfait de l'indicatif et du présent du subjonctif?
R. *ions*, comme dans *nous aim*ions, *que nous aim*ions.

D. Quelle différence remarquez-vous dans ces deux finales?
R. Qu'il y a au passé imparfait et au présent du subjonctif un *i* de plus qu'au présent de l'indicatif.

D. Comment forme-t-on le futur simple et le conditionnel simple?
R. Le futur simple et le conditionnel simple se forment du présent de l'infinitif, en changeant *r* ou *re* en *rai* pour le futur, et en *rais* pour le conditionnel.

DU VERBE. (SUITE.)

§ 1. PARTICIPES.

Demande. Comment appèle-t-on les mots qui expriment tantôt une *affirmation*, tantôt une *qualité?*
Réponse. Ces mots s'appèlent *participes.*

D. Pourquoi ?
R. Parcequ'ils *participent* du verbe et de l'adjectif.

D. Dans cette phrase : OBÉISSANT *volontiers, ces enfants sont* AIMÉS, pourquoi *obéissant* et *aimés* sont-ils des *participes*?
R. 1° Parcequ'ils expriment une *affirmation :* ces enfants *obéissent;* on les *aime;* 2° parcequ'ils expriment une *qualité :* ces enfants sont *obéissants;* ils sont *aimés.*

D. Comment appèle-t-on les participes terminés en *ant?*
R. *Participes* PRÉSENTS.

D. Comment appèle-t-on les autres participes ?
R. *Participes* PASSÉS.
D. Comment reconnaît-on qu'un mot est un *participe passé?*
R. Lorsqu'on peut le faire précéder de *ayant*, *étant.*
D. Pourquoi *livré* est-il un participe *passé?*
R. Parcequ'on peut dire AYANT *livré*, ÉTANT *livré.*

§ 2. PARTICIPE PRÉSENT.

D. Le *participe présent* s'accorde-t-il en genre et en nombre avec le substantif auquel il se rapporte?
R. Non : il est toujours invariable.

D. Comment distingue-t-on les participes présents des adjectifs terminés en *ant?*
R. 1° Les participes présents expriment une *action* momentanée; les adjectifs expriment une *qualité* permanente.

2° Les participes présents peuvent être remplacés par une autre forme du verbe précédé de *qui;* les adjectifs peuvent être remplacés par d'autres adjectifs.

D. Dans *obligeant quelquefois*, OBLIGEANT est-il adjectif ou participe présent ?
R. Il est participe présent, car il exprime une *action*, celle d'*obliger;* il peut être en outre remplacé par QUI OBLIGE *quelquefois.*

DU VERBE. (SUITE.)

PARTICIPE PASSÉ.

Demande. Qu'y a-t-il à observer lorsque le *participe passé* est employé seul ou avec le verbe *être* ?

Réponse. C'est alors un véritable *adjectif*, qui s'accorde avec son substantif.

D. En est-il de même du participe *passé* employé avec le verbe *avoir ?*

R. Non : tantôt il est *adjectif* et tantôt *verbe. Adjectif*, il varie ; *verbe*, il est invariable.

D. Comment voit-on que le participe passé est verbe ou adjectif?

R. On le réunit au substantif ou au pronom qui précède, en *supprimant tous les mots qui les séparent.* Si cette réunion ne change pas le sens de la phrase, le participe passé est adjectif : il s'accorde.

D. Le participe *donnée* est-il verbe ou adjectif dans *Étudiez la leçon (que je vous ai)* DONNÉE ?

R. Il est *adjectif*, parceque, en ôtant *que je vous ai*, il reste *la leçon... donnée* : ce qui est conforme au sens de la phrase.

D. Le participe *pratiqué* est-il verbe ou adjectif dans *Mes enfants (ont toujours)* PRATIQUÉ *la vertu ?*

R. Il est *verbe*, parceque, en ôtant *ont toujours*, il reste *mes enfants... pratiqué* : ce qui change le sens de la phrase.

D. Pourquoi le participe *entendu* est-il adjectif dans *Les élèves (que j'ai)* ENTENDUS *parler ?*

R. Parceque, en réunissant *les élèves... entendus*, on ne change pas le sens de la phrase.

D. Pourquoi le participe *entendu* est-il verbe dans *Les élèves (que j'ai)* ENTENDU *gronder ?*

R. Parceque, en réunissant *les élèves... entendu*, on change le sens de la phrase, puisqu'on n'a pas entendu les élèves.

D. Pourquoi le participe *pu* est-il verbe dans *Je lui ai rendu tous les services que j'ai* PU ?

R. Parcequ'on ne peut pas dire *des services* PUS.

D. Pourquoi le participe *dormi* est-il verbe dans *Combien d'heures a-t-il* DORMI ?

R. Parcequ'il ne s'agit pas d'*heures dormies*, mais d'heures PENDANT *lesquelles* on a dormi.

D. Pourquoi *ménagé* est-il verbe dans *Nos soldats se sont* MÉNAGÉ *une retraite ?*

R. Parceque *nos soldats... ménagés* offrent un sens contraire à celui de la phrase. Ils ont ménagé à *eux* une retraite.

D. Quand les participes *coûté* et *valu* sont-ils invariables ?

R. Lorsqu'il est question d'argent : dans le cas contraire, ils sont variables.

DU VERBE. (SUITE.)

§ 1. SUJETS DES VERBES.

Demande. Qu'appèle-t-on *sujet* d'un verbe?

Réponse. C'est le mot qui répond à la question *qui est-ce qui?* ou *qu'est-ce qui?*

D. Dans *L'hirondelle gazouille*, quel est le *sujet?*

R. L'hirondelle, parceque, en demandant QUI EST-CE QUI *gazouille*, on répond *l'hirondelle.*

D. Le *sujet* d'un verbe doit-il toujours être un substantif?

R. Le *sujet* d'un verbe est un substantif ou un pronom indifféremment.

§ 2. COMPLÉMENTS DES VERBES ET DES PRÉPOSITIONS.

D. Qu'appèle-t-on *complément* d'un verbe ou d'une préposition?

R. C'est le mot qui répond à la question *qui* ou *quoi.*

D. Dans *Lisez l'histoire de Guillaume Tell*, quels sont les *compléments?*

R. L'histoire est le complément du verbe *lisez*, parceque, en demandant *lisez...* QUOI? on répond *l'histoire; Guillaume Tell* est le complément de la préposition *de*, parceque, en demandant *de* QUI, on répond *de Guillaume Tell.*

§ 3. DIFFÉRENTES SORTES DE VERBES.

D. Le *complément* doit-il toujours être un substantif?

R. Le *complément* est un substantif ou un pronom indifféremment.

D. Qu'appèle-t-on verbes *transitifs?*

R. Ceux après lesquels on peut mettre *quelqu'un* ou *quelque chose.*

D. Apprendre est-il un verbe *transitif?*

R. Oui, car on peut dire *apprendre quelque chose.*

D. Qu'appèle-t-on verbes *intransitifs?*

R. Ceux après lesquels on ne peut mettre ni *quelqu'un* ni *quelque chose.*

D. Dormir est-il un verbe *intransitif?*

R. Oui, car on ne peut pas dire *dormir quelqu'un, quelque chose.*

D. Qu'appèle-t-on verbes *pronominaux?*

R. Ceux qui se conjuguent avec deux pronoms de la même personne, comme vous vous *abstiendrez.*

D. Qu'appèle-t-on verbes *unipersonnels?*

R. Ceux qui ne sont usités qu'à UNE *personne* de chaque temps, comme *il faut, il importe.*

D. Quelle est cette seule personne?

R. La troisième personne du singulier.

RÉCAPITULATION.

Demande. Comment finit la 1re personne du *singulier?*
Réponse. La 1re personne du singulier finit par *e*, par *s* ou par *x*.

D. Comment finit la 2e personne du *singulier?*
R. La 2e personne du singulier finit par *s* ou par *x*.

D. Comment finit la 3e personne du *singulier?*
R. La 3e personne du singulier finit par une des lettres *d*, *a*, *t*, *e*.

D. Comment finit la 1re personne du *pluriel?*
R. La 1re personne du pluriel finit par *ons*, ou par *mes*.

D. Comment finit la 2e personne du *pluriel?*
R. La 2e personne du pluriel finit par *ez* ou par *tes*.

D. Comment finit la 3e personne du *pluriel?*
R. La 3e personne du pluriel finit par *ont*, *ent* ou par *aient*.

D. Que faut-il remarquer dans les verbes en *cer* et en *cevoir?*
R. Que l'on emploie *ç* devant *a*, *o*, *u* (nous traçons).

D. Que faut-il remarquer dans les verbes en *ger?*
R. Que l'on met un *e* après le *g* devant *a* et *o* (nous obligeons).

D. Le son *e* des verbes en *Eler*, *Ener*, *Eser*, *Eter* ne change-t-il jamais?
R. Il devient *è* si la dernière syllabe finit par *e*. (*PEler, je pÈle.*)

D. Le son *é* des verbes en *Éder*, *Éler*, *Érer*, *éter* ne change-t-il jamais?
R. Il devient *è* si la dernière syllabe finit par *e*. (*CÉder, je cÈde.*)

D. Que faut-il remarquer dans les verbes en *ayer*, *oyer*, *uyer?*
R. Que l'*y* se change en *i* devant *e*. (*Payer, je paie.*)

D. Qu'appèle-t-on *participes?*
R. Les mots qui expriment tantôt une *affirmation*, tantôt une *qualité*.

D. Comment appèle-t-on les participes en *ant* et les autres participes?
R. Les premiers sont des participes *présents;* les autres des participes *passés*.

D. Les participes présents sont-ils *variables?*
R. Les participes présents sont toujours *invariables*.

D. Comment les distingue-t-on des adjectifs terminés en *ant?*
R. L'adjectif exprime une *qualité*, le participe exprime une *action*.

D. De quelle nature sont les participes passés joints au verbe *être?*
R. Ce sont de véritables adjectifs.

D. De quelle nature sont les participes passés joints au verbe *avoir?*
R. Ils sont tantôt adjectifs et tantôt verbes.

D. Comment connait-on qu'un participe passé est *adjectif* ou *verbe?*
R. Joignez le participe passé au substantif qui précède, *en supprimant tous les mots qui les séparent*. Si cette réunion ne change pas le sens de la phrase, le participe est *adjectif*.

D. Qu'est-ce que le *sujet* d'un verbe?
R. C'est le mot qui répond à la question *qui est-ce qui*, ou *qu'est-ce qui?*

D. Qu'est-ce que le *complément* d'un verbe ou d'une préposition?
R. C'est le mot qui répond à la question *qui?* ou *quoi?*

D. Qu'appèle-t-on verbes *transitifs?*
R. Ceux après lesquels on peut mettre *quelqu'un* ou *quelque chose*.

D. Qu'appèle-t-on verbes *intransitifs?*
R. Ceux après lesquels on ne peut mettre ni *quelqu'un* ni *quelque chose*.

D. N'y-a-t-il pas encore d'autres verbes?
R. Il y a des verbes *pronominaux* et des verbes *unipersonnels*.

ORTHOLOGIE.

DU SUBSTANTIF.

C'est en 787 que le premier *orgue* parut en France.

RÈGLE. — Il y a des substantifs qui changent de *genre* en changeant de *nombre*.

Masculin au singulier.	Féminin au pluriel.
Un ardent *amour*.	**Ce sont ses premières *amours*.**
Étudier est un grand *délice*.	**Mes plus chères *délices*.**
Voilà un bien bel *orgue*.	**Voilà de bonnes *orgues*.**

L'*aigle* est fort. — Les *aigles* romaines furent victorieuses.

RÈGLE. — Il y a des substantifs qui changent de *genre* en changeant de *signification*.

Masculin.	Féminin.
Aigle, **oiseau.**	*Aigle*, **femelle. étendard.**
Aune, **arbre.**	*Aune*, **ancienne mesure.**
Crêpe, **étoffe claire et noire.**	*Crêpe*, **pâte frite.**
Guide, **conducteur.**	*Guide*, **rêne des chevaux.**
Livre, **ouvrage imprimé.**	*Livre*, **ancien poids.**
Manche, **poignée d'un outil.**	*Manche*, **partie d'un habit.**
Moule, **dans lequel on fond.**	*Moule*, **coquillage.**
Mousse, **apprenti matelot.**	*Mousse*, **plante, écume.**
Somme, **repos, sommeil.**	*Somme*, **quantité d'argent.**

On estime beaucoup les chev*aux* arabes.

RÈGLE. — La plupart des substantifs singuliers en *al*, et quelques uns en *ail*, font leur pluriel en *aux*.

Singulier.	Pluriel.
Le crist*al* est blanc.	**On taille les crist*aux*.**
Le mét*al* se fond.	**On fond les mét*aux*.**
Le cor*ail* est rouge.	**On pêche les cor*aux*.**

Mes *aïeuls* vivent encore. — Sois digne de tes *aïeux*.

RÈGLE. — Il y a des substantifs qui forment leur pluriel irrégulièrement dans certains cas.

Pluriel régulier.	Pluriel irrégulier.
OEils-**de-bœuf.**	*Yeux*, **organe de la vue.**
Ciels **de lits. de tableau.**	*Cieux*, **le firmament.**
Aïeuls, **les grands-pères.**	*Aïeux*, **les ancêtres.**
Travails, **instrum, rapports.**	*Travaux*, **occupation.**

Le thermomètre *fut* inventé en 1600 par un Hollandais.

RÈGLE. — Le plus ordinairement, le substantif, *sujet* d'un verbe, se place *avant* ce verbe (LE THERMOMÈTRE *fut*).

Que *fait* cet ENFANT? — Faites ce que *veulent* vos PARENTS.

RÈGLE. — Lorsqu'il y a interrogation, et quelquefois sans interrogation, le substantif sujet se met *après* le verbe (*Que fait* CET ENFANT?)

Mieux on connaît *sa profession*, moins on s'en plaint.

RÈGLE. — Le substantif *complément* se place *après* le verbe et *après* la préposition. (*On connaît* SA PROFESSION.)

(*Voyez le* QUESTIONNAIRE, *p.* 94.)

DU SUBSTANTIF.

(Dictez les phrases suivantes, et faites rendre compte de chaque règle.)

Il paraît que les ***premières orgues*** ont une origine fort ancienne.

L'***amour filial*** est la vertu qui précède toutes les autres.

Les ***délices*** du cœur sont plus ***touchantes*** que ***celles*** de l'esprit.

Quelles délices peut-on comparer à ***celles*** que cause une bonne action?

L'***aigle***, ***pourvu*** de grandes ailes, de fortes serres et d'un bec tranchant, est ***né*** pour vivre de rapine.

L'espèce de l'***aigle commun*** est moins pure et sa race moins noble que celle du ***grand aigle***.

Le roi de Prusse fit porter devant son régiment l'***aigle romaine*** (et non pas ***romain***).

L'***ancienne aune*** valait un mètre et vingt centimètres.

Le ***crêpe noir*** est un signe de deuil.

Les ***crêpes épaisses*** sont indigestes.

Ne vous fiez pas toujours aux ***belles enseignes***.

Les ***enseignes*** sont ***pris*** parmi les meilleurs soldats.

L'or est le premier des ***métaux***.

Les ***arsenaux*** sont des magazins d'armes.

Les ***hôpitaux*** sont l'asile des malheureux.

Les ***tribunaux*** doivent protéger l'innocence.

Trois ***quintaux*** font cent cinquante kilogrammes.

Les ***Provençaux*** sont vifs.

Il y a peu de ***ciels*** aussi beaux que ceux de l'Italie et du Brésil.

Qui sert bien son pays n'a pas besoin d'***aïeux***.

Cet horloger vend beaucoup d'***œils***-de-bœuf.

Pour ferrer les chevaux fougueux, on les met dans des ***travails***.

Les ***travaux*** de la campagne sont très-pénibles.

Les principales ***mines*** d'or sont en Amérique.

La ***paresse*** va si lentement que la ***pauvreté*** l'atteint bientôt.

Le ***duel*** est un moyen perfide à l'aide duquel un ***coupe-jarret*** peut assassiner en sûreté un honnête homme.

Savez-***vous*** que l'année a douze mois?

Puissent ***tous les peuples*** ne faire bientôt qu'une famille de frères!

Le passé est un abîme où se précipitent le ***présent*** et l'***avenir***.

Les bonnes actions portent leur ***récompense***.

Respectez la ***vieillesse***.

La véritable grandeur ne perd ***rien*** à être vue de près.

DE L'ADJECTIF.

Cet enfant se berce d'un *fol* espoir.

RÈGLE. — Il y a des adjectifs qui ont deux masculins au singulier.

Premier masculin.			Deuxième masculin.
Cet **enfant**.	— **Fém**	*cette.*	*Ce* **jeune homme travaille.**
Bel **oiseau**.	—	*belle.*	*Beau* **jour.**
Nouvel **an**	—	*nouvelle.*	*Nouveau* **bienfait.**
Vieil **homme.**	—	*vieille.*	*Vieux* **garçon.**
Mol **édredon.**	—	*molle.*	*Mou :* **l'opposé de** *dur.*
Fol **espoir.**	—	*folle.*	*Fou* **rire.**

REMARQUEZ que *cet*, *bel*, *nouvel*, *vieil*, *fol*, *mol* (au masc.) ne s'emploient plus aujourd'hui que devant un mot qui commence par un son non aspiré (CET *enfant*, FOL *espoir*).

La nature a fait les hommes ég *aux.*

RÈGLE. — Certains adjectifs, terminés en *al* au singulier, font, par exception, leur pluriel masculin en *aux.*

Sing.	**Capit** *al,*	**cordi** *al,*	**ég** *al,*	**libér** *al,*	**nation** *al.*
Plur.	**Capit** *aux,*	**cordi** *aux,*	**ég** *aux,*	**libér** *aux,*	**nation** *aux.*

Un musicien *pauvre* **n'est pas toujours un** *pauvre* **musicien.**

RÈGLE. — Il y a des adjectifs qui changent de signification selon la place qu'ils occupent.

Un *bon* **homme est peu avisé.**	**Un homme** *bon* **est obligeant.**
Un *grand* **homme est immortel.**	**Un homme** *grand* **par la taille.**
Une *grosse* **femme est lourde.**	**Une femme** *grosse* **est enceinte.**

Les enfants bien *élevés* **ne font aucune action** *défendue.*

RÈGLE. — L'usage et l'oreille seuls peuvent indiquer si l'adjectif doit se mettre avant ou après le substantif. Cependant les participes passés se placent en général après le substantif (*enfants bien* ÉLEVÉS, *action* DÉFENDUE).

Mon fils, connais-tu bien *mon* **amitié pour toi?**

RÈGLE. — Les adjectifs masculins *mon*, *ton*, *son*, déterminent les substantifs féminins qui commencent par un son non aspiré (MON *amitié*, et non MA *amitié*).

Les *vieilles* **gens sont** *prudents.*

RÈGLE. — L'adjectif qui précède *immédiatement* le substantif *gens* se met au féminin (VIEILLES *gens*) : dans les autres cas, il se met au masculin (*gens* PRUDENTS).

On est *heureuse* **d'être mère.**

RÈGLE. — L'adjectif en rapport avec les substantifs masculins singuliers *on* et *quiconque* se met au féminin et au pluriel quand il s'applique évidemment à une personne du sexe féminin ou à plusieurs personnes. (*On est* HEUREUSE.)

(*Voyez le* QUESTIONNAIRE, *p.* 95.)

DE L'ADJECTIF.

(*Dictez les phrases suivantes, et faites rendre compte de chaque règle.*)

Un *bel* habit nous ouvre bien des portes.

Une femme ne peut guère être *belle* que d'une façon, mais elle peut être aimable de cent mille.

Ce qui est *nouveau* est *beau*.

Il ne faut pas se bercer d'un *fol* espoir.

Le papier se fait avec du *vieux* linge.

Sur le *mol* édredon dormez-vous tranquilles?

On dit souvent : Ceci est *bel* et bon ; ou bien : Ceci est *beau* et bon.

On se visite au *nouvel* an.

Le tigre est un bien *bel* animal.

La Marseillaise et le Chant du départ sont des airs *nationaux*.

Les contes *moraux* forment le cœur.

Il y a quatre points *cardinaux*.

Les nombres *ordinaux* marquent l'ordre, le rang de chaque chose.

On appèle biens *ruraux* les biens situés à la campagne.

Un *honnête* homme a de la probité.

Un homme *honnête* a de la politesse.

Un *brave* homme est estimable.

Un homme *brave* affronte le danger.

Il faut avoir les mains *propres*.

C'est dans vos *propres* mains que je veux le remettre.

L'armée ennemie ayant été *dispersée*, son camp *pillé*, ses bagages *enlevés*, ses munitions *prises*, les Français revinrent triomphants.

Que de beaux traits sont *semés* çà et là dans l'histoire grèque!

Chacun a son esprit, *son* humeur, ses travers.

Mon Adèle, écoute les conseils de *ton* aimable mère.

Son ambition a perdu Napoléon.

L'homme se livre trop souvent aux caprices de son imagination.

Instruits (masculin) par l'expérience, les *vieilles* (féminin) gens doivent être *soupçonneux* (masculin).

Certaines (féminin) gens font les *empressés* (masculin).

Les gens *heureux* ne se corrigent guère.

On n'est que plus *chéri*e alors que l'on est mère.

On vit *content*s dans son ménage lorsqu'on est toujours bien *uni*s

On n'est vraiment *chéri*e de son mari et de ses enfants qu'autant que l'on remplit ses devoirs d'épouse et de mère.

DE L'ADJECTIF. (SUITE.)

***Les* pères et *les* mères ont des devoirs à remplir.**

RÈGLE. — Il faut répéter le déterminatif avant chaque substantif (LES *pères* et LES *mères*).

Ne dites donc pas	Mais dites
Les lettres et paquets.	**Les lettres et *les* paquets.**
Mes père et mère.	**Mon père et *ma* mère.**
Les officiers et soldats.	**Les officiers et *les* soldats.**

Pauvreté n'est pas vice.

RÈGLE. — Dans certaines phrases on supprime le déterminatif pour rendre l'expression plus vive et plus forte : ([LA] *pauvreté n'est pas* [UN] *vice*).

Le criminel a *le* sommeil agité.

RÈGLE. — Il y a des déterminatifs dont l'emploi occasionne une répétition vicieuse. Ne dites donc pas *le criminel a* SON *sommeil agité*, car l'idée de possession est suffisamment exprimée par le verbe *avoir*.

Les arbres *les* plus élevés sont *les* plus exposés à la tempête.
L'homme dont la mémoire est *le* plus révérée.

RÈGLE. — Employez *le*, *la*, *les* avec *plus*, *mieux*, *moins* devant un adjectif, si vous voulez exprimer une *comparaison* (LES *plus élevés des arbres*); partout ailleurs, dites *le plus*, *le mieux*, *le moins*. (*Sa mémoire est révérée* LE *plus*.)

***Chaque* pays a ses plantes particulières.**
Ces chevaux coûtent 300 fr. *chacun*.

RÈGLE. — L'adjectif *chaque* veut toujours un substantif après lui (CHAQUE *pays*); au contraire, *chacun* n'est jamais suivi immédiatement d'un substantif (CHACUN *de ces chevaux coûte*..... ou bien, *ils coûtent* 300 *francs* CHACUN).

Les juges prononcent chacun selon *ses* lumières.
Les langues ont, chacune, *leurs* bizarreries.

RÈGLE. — Lorsque la proposition qui précède *chacun* est complète, on emploie *son*, *sa*, *ses* après *chacun*. (*Les juges prononcent*, *chacun selon* SES *lumières*); lorsque la proposition n'est pas entièrement énoncée, on emploie *leur*, *leurs*. (*Les langues ont*, *chacune*, LEURS *bizarreries*.)

Il y a des fleurs qui sentent *mauvais*.

RÈGLE. — Certains adjectifs sont employés comme adverbes. Dans ce cas, ils servent seulement à modifier un verbe : ils sont alors invariables (*sentir* MAUVAIS).

(*Voyez le* QUESTIONNAIRE, *p.* 96.)

DE L'ADJECTIF. (SUITE.)

(Dictez les phrases suivantes, et faites rendre compte de chaque règle.)

Les droits *des* pères et *des* mères sont sacrés.
L'amour pour *son* père et *sa* mère est la base de toutes les vertus.
Le 16e siècle et *le* 17e ont été marqués par de grandes découvertes.
On trouve en Afrique *des* lions, *des* hyènes et *des* serpents.

Contentement passe richesse.
Je ne trouve partout que lâche flatterie,
Qu'injustice, intérêt, trahison, fourberie.
Marchand qui perd ne peut pas rire.

Le maréchal Lannes eut *la* cuisse emportée par un boulet.
Le cerf a *les* jambes très-fines (et non pas : *a* ses *jambes*).
Le pélican se déchire *les* entrailles pour nourrir ses petits.
Le joueur se ruine *la* santé (et non pas : *sa* santé).
La girafe a *les* jambes de devant plus longues que *les* jambes de derrière.

Jupiter et Saturne sont les planètes qui tournent les plus vite.
Les vérités qu'on aime *le* moins (et non pas *les* moins) à entendre sont celles qu'on a *le* plus d'intérêt à savoir.
Les habitants de la côte de la Nouvelle-Hollande sont peut-être les gens du monde *les* plus misérables, et ceux de tous qui approchent le plus de la brute.

Chaque âge a ses plaisirs.
On prétend que le roi Salomon avait 2,000 écuries de 10 chevaux *chacune* (et non pas *chaque*).
Chaque passion parle un langage différent.
Chacun trouve à redire en autrui ce qu'on trouve à redire en lui.
Les pièces de 5 francs pèsent environ 25 grammes *chacune*.

Les deux Rousseau se sont illustrés, chacun dans *son* genre.
Les passions ont, chacune, *leur* intérêt particulier.
César et Pompée avaient, chacun, *leur* mérite.
Les abeilles bâtissent, chacune, *leur* cellule.
Lisez Télémaque : vous y verrez de bien belles descriptions, chacune dans *son* genre (et non pas : dans *leur* genre).

Au billard, on prend souvent la bille trop *fin* ou trop *plein* (pour *trop finement*, *trop pleinement*).
Les chats voient *clair* pendant la nuit.
La route de cette danseuse, c'est un fil d'archal : il faut qu'elle marche bien *droit* (pour *droitement*).

DU PRONOM.

***Il* veut, *il* ne veut pas, *il* accorde, *il* refuse.**

RÈGLE. — Le pronom, *sujet* du verbe, se place ordinairement *avant* ce verbe (IL *veut*, IL *ne veut pas*).

Savez-*vous* que le soleil est immobile? me dit-*elle*.

RÈGLE.—Lorsqu'il y a interrogation (*savez*-VOUS), et quelquefois sans interrogation (*dit*-ELLE), le pronom sujet se place *après* le verbe.

Nous devons, *vous et moi*, travailler sans cesse.

RÈGLE. — Lorsque des pronoms de différentes personnes sont sujets du même verbe, le pronom de la première personne se place toujours le dernier (VOUS *et* MOI).

***Il* s'écoute, *il* se plaît, *il* s'aime, *il* s'adonise.**
Quand *j'*accuse quelqu'un, *je* le dis et me nomme.

RÈGLE.—Le pronom personnel *sujet* ne se répète qu'autant que la répétition de ce pronom donne à la phrase plus d'élégance, de force ou de clarté.

Le mensonge *me* révolte.
Aimons-*nous* les uns les autres.

RÈGLE. — Le pronom personnel *complément* se place toujours *avant* le verbe (ME *révolte*), quand ce verbe n'est pas à l'impératif (*aimons*-NOUS).

Je veux *vous* obliger.— Je *vous* veux obliger.

RÈGLE. — Lorsqu'un verbe à l'infinitif est sous la dépendance d'un autre verbe, le pronom *complément* de l'infinitif doit se mettre immédiatement *avant* cet infinitif plutôt qu'avant le premier verbe. (*Je veux* VOUS *obliger*, et non pas : *je* VOUS *veux obliger.*)

Je veux *les* voir, *les* prier, *les* presser, *les* fléchir.

RÈGLE. — Les pronoms compléments se répètent avant chaque verbe (LES *voir*, LES *prier*, etc.)

J'aime l'enfant *qui* étudie.
On estime l'homme *dont* la réputation est intacte.

RÈGLE. — Il faut, autant que possible, placer les pronoms *qui*, *que*, *dont*, tout près du substantif avec lequel ils sont en rapport (*l'enfant* QUI, *l'homme* DONT).

C'est donc une faute de dire : *Il y a une certaine douceur dans le langage d'un hypocrite* QUE *n'a pas la vérité.*

Il faut dire : *Il y a dans le langage d'un hypocrite une certaine douceur* QUE *n'a pas la vérité.*

(*Voyez le* QUESTIONNAIRE, *p.* 97.)

DU PRONOM.

(Dictez les phrases suivantes, et faites rendre compte de chaque règle.)

Nous naissons dans les pleurs, ***nous*** vivons dans les plaintes, et ***nous*** mourons dans les regrets.

L'avare n'en a jamais assez : ***il*** souhaite toujours.

Nous écoutons avec docilité les conseils que nous donnent *ceux* qui savent flatter nos passions.

Mes enfants, puissiez-***vous*** être heureux !

Que fesiez-***vous*** au temps chaud? dit-***elle*** à cette emprunteuse.

Vous et ***moi***, nous sommes contents de notre sort.

Lui et ***moi***, nous irons voir les montagnes de la Suisse.

Il est défendu aux Juifs de travailler le jour du sabbat. ***Ils*** n'allument point de feu et (***ils***) ne portent point d'eau : ***ils*** sont comme enchaînés dans leur repos.

Je n'ignore pas qu'on ne saurait être heureux sans la vertu, et ***je*** me propose bien de la pratiquer toujours.

Je ***vous*** conduirai au Jardin des Plantes.

Croyez-***moi***, les machines à vapeur seront bientôt d'un usage général.

La conscience d'un coupable ne ***le*** laisse jamais en repos.

Il est bien difficile de ***se*** connaître.

Tu trahis mes bienfaits, je veux ***les*** redoubler. (Et non pas : je ***les*** veux redoubler.)

Le myrte ne doit ***se*** cueillir qu'après la palme. (Et non pas : ne ***se*** doit cueillir.)

On ne saurait ***m***'accuser de trop aimer le jeu. (Et non pas : on ne ***me*** saurait accuser.)

C'est un malheureux ***que*** les remontrances les plus affectueuses n'ont point touché, ***que*** les menaces n'ont point ébranlé, ***que*** rien n'a pu arrêter, et ***que*** personne ne ramènera jamais à son devoir.

La conscience est un juge incorruptible ***qui*** ne s'appaise jamais.

C'est un miroir ***qui*** nous montre nos fautes.

C'est un bourreau ***qui*** nous déchire le cœur.

Il y a, dans certains auteurs, un air ***d'affectation*** qui gâte leurs écrits.

(***Et non pas*** : Il y a un air d'affectation dans certains auteurs ***qui*** gâte leurs écrits.)

J'ai été voir, la semaine dernière, une ***machine*** qui coud un habit en dix minutes.

(***Et non pas :*** J'ai été voir une ***machine***, la semaine dernière, ***qui*** coud un habit en dix minutes.)

DU PRONOM. (SUITE.)

Chacun a pour *soi* un œil de complaisance.
Ne vivre que pour *soi*, c'est être déjà mort.

RÈGLE. — Le pronom *soi* se construit avec un substantif indéfini (*chacun*), ou avec un infinitif (*vivre*).

L'égoïste ne vit que pour *lui*.

RÈGLE. — Le pronom *lui* ne s'emploie que lorsqu'il est en rapport avec un substantif déterminé (*l'égoïste*).

Le travail est mon sauveur : je *lui* dois la vie.

RÈGLE. — Les pronoms *lui*, *leur*, *eux*, *elles*, ne s'emploient que lorsqu'ils sont en rapport avec un substantif de personne ou avec un substantif personnifié : autrement, on se sert des pronoms *en* et *y*.

Ici le substantif *travail* est personnifié.

J'ai connu le malheur et j'*y* sais compatir.

RÈGLE. — Le pronom *y*, signifiant *à lui*, *à elle*, *à cela*, doit toujours être en rapport avec des substantifs d'objets inanimés (*le malheur*).

Le temps fuit : la perte *en* est irréparable.

RÈGLE. — Lorsque le pronom *en* peut se tourner par *de cela*, *de cette chose*, il doit toujours être en rapport avec des substantifs d'objets inanimés. (*La perte du temps*, *de* CELA, *de* CETTE CHOSE)

Le chef des deux époux *en* doit être l'exemple.

RÈGLE. — Le pronom *en* signifiant *de lui*, *d'elle*, *d'eux*, *d'elles*, ne se dit que des personnes (*les époux*).

Si vous obligez quelqu'un, faites-*le* sans intérêt.

RÈGLE. — Le pronom *le* est invariable toutes les fois qu'il ne tient pas la place d'un substantif. Il signifie alors *cela*. (*Faites*-LE, c'est-à-dire *faites* CELA.)

Le bonheur appartient *à qui* fait des heureux.

RÈGLE. — *A qui* et *de qui* ne doivent se dire que des personnes et des choses personnifiées.

Les Lapons ont un chat *auquel* ils confient leurs secrets.

RÈGLE. — *Auquel* et *duquel* peuvent se dire également d'un substantif de personne ou d'un substantif de chose.

Voyez l'âne et le cheval : *celui-ci* porte la tête haute, *celui-là* la tient toujours baissée.

RÈGLE. — *Celui-ci* se rapporte au substantif le plus proche ; *celui-là*, au substantif le plus éloigné. On a parlé du cheval en dernier lieu : il est donc le plus proche.

(*Voyez le* QUESTIONNAIRE, *p.* 98.)

DU PRONOM. (SUITE.)

(Dictez les phrases suivantes, et faites rendre compte de chaque règle.)

Aucun n'est prophète chez *soi* (et non pas *chez lui*).

On aime mieux dire du mal de *soi* que de n'en pas parler.

Quiconque rapporte tout à *soi* n'a pas beaucoup d'amis.

L'homme inconstant ne ressemble jamais à *lui*-même.

Un honnête homme a de la pudeur, quand même il n'a que *lui* (et non pas *soi*) pour témoin.

Cette personne est contente d'*elle*, lorsqu'elle a fait une bonne action.

Les vices renferment en *eux* tout ce qui peut les rendre odieux.

Un homme vain trouve son compte à dire du bien et du mal de *lui*.

Quand la Vérité se montre dans tout son éclat, il faut *lui* rendre les armes. (La vérité est ici personnifiée.)

C'est lorsque nous sommes éloignés de notre patrie que nous sentons surtout l'instinct qui nous *y* attache.

Un homme qui a su vaincre ses passions et *y* mettre un frein (et non pas *et* LEUR *mettre*) a remporté la plus belle de toutes les victoires.

La vie serait bien courte si l'espérance n'*en* prolongeait pas la durée.

C'est parceque l'or est rare que l'on a inventé la dorure, qui, sans *en* avoir la solidité, *en* a tout le brillant (et non pas *sans avoir* SA *solidité*).

Ma mère est faible : j'*en* obtiens tout ce que je veux.

Le pauvre est d'autant plus à plaindre, que le riche *en* exige un travail pénible et cependant très mal payé.

La terre, naturellement fertile, *le* serait (et non pas LA *serait*) bien davantage si elle était mieux cultivée.

Nous nous tourmentons moins pour devenir heureux que pour faire croire que nous *le* sommes.

L'enfant à *qui* tout cède est le plus malheureux.

Il y a deux choses *auxquelles* (et non pas *à qui*) il faut s'accoutumer : les injures du temps et les injustices des hommes.

Il faut bien choisir les personnes *auxquelles* (ou *à qui*) on veut donner sa confiance.

Les moutons à la dépouille *desquels* (et non pas *de qui*) les hommes doivent leurs vêtements.

Nous devons préférer des amis trop sévères à des amis trop complaisants : *ceux-là* disent souvent la vérité; *ceux-ci* la dissimulent presque toujours.

Le juge et le soldat sont également estimables : *celui-ci* combat les ennemis du dehors; *celui-là* combat les ennemis intérieurs.

RÉCAPITULATION.

Il y a des substantifs qui changent de *genre* en changeant de nombre (*amour*) ; d'autres changent de *genre* en changeant de signification (UN *livre*, UNE *livre*).

La plupart des substantifs en *al*, quelques uns en *ail*, et plusieurs adjectifs en *al*, font leur pluriel en *aux*.

OEil, *ciel*, *aïeul* et *travail* ont deux pluriels : *œils* et *yeux*, *ciels* et *cieux*, *aïeuls* et *aïeux*, *travails* et *travaux*.

Le plus souvent, lorsqu'il n'y a pas interrogation, le substantif *sujet* d'un verbe se place avant ce verbe.

Le substantif *complément* se place après le verbe ; le pronom personnel se place avant, excepté à l'impératif.

Il y a des adjectifs qui ont deux masculins au singulier (*ce*, *cet*).

Certains adjectifs changent de signification selon la place qu'ils occupent (BON *homme*, *homme* BON).

Mon, *ton*, *son*, s'emploient aussi au féminin devant un son qui n'est pas aspiré (MON amitié).

Répétez le déterminatif avant chaque substantif; supprimez-le quelquefois pour rendre l'expression plus vive.

Ne dites pas *il a* SON *sommeil agité*, mais *il a* LE *sommeil* : l'idée de possession est suffisamment exprimée par le verbe *avoir*.

Chaque veut un substantif après lui (CHAQUE *pays*); *chacun* n'en est jamais immédiatement suivi (*ils coûtent* 300 *francs chacun*).

Dans une proposition complète, employez *son, sa, ses,* après *chacun* : autrement employez, *leur*, *leurs*.

Si des pronoms de différentes personnes sont sujets du même verbe, le pronom de la première personne se place le dernier.

Mettez le pronom complément le plus près du verbe qui le régit. (*Je veux* VOUS *obliger*, et non pas *je* VOUS *veux obliger*).

Les pronoms compléments se répètent avant chaque verbe. (*Je veux* LES *voir*, LES *prier*, LES *fléchir*.)

Le pronom *soi* s'emploie avec un mot indéterminé, et le pronom *lui* avec un substantif déterminé.

Lui, *leur*, *eux*, *elles*, s'emploient avec des substantifs de personnes; *y* et *en* s'emploient avec des substantifs d'objets inanimés.

A qui et *de qui* se disent des personnes; *auquel* et *duquel* se disent des personnes et des choses.

Celui-ci se rapporte au substantif le plus proche, c'est-à-dire énoncé le dernier ; *celui-là* se rapporte au substantif le plus éloigné, c'est-à-dire énoncé le premier.

(*Voyez le* QUESTIONNAIRE, *p.* 99.)

RÉCAPITULATION.

(Dictez les phrases suivantes, et faites rendre compte de chaque règle.)

C'est un *délice* (et non pas une *délice*) de boire frais en été.

C'est dans la vertu de ses enfants qu'un bon père met ses plus *chères délices*.

Les bipèdes sont des *animaux* à deux pieds.

La nature a fait les hommes *égaux* (et non pas *égals*).

Les *travaux* de la campagne sont très pénibles.

Sois digne de tes *aïeux*.

La *douleur* n'est qu'un mal passager; le *crime* est un mal sans remède.

Pourquoi aimez-*vous* tant le jeu?

L'amitié rend les *prospérités* plus complètes, et elle rend les *malheurs* plus supportables.

Empêchez *cet* enfant de battre *ce* chien.

Un musicien *pauvre* n'est pas toujours un *pauvre* musicien.

Mon amitié pour toi m'a fait prendre soin de *ton* enfance.

Le maire et *les* adjoints ont donné leur démission.

Marchand qui perd ne peut pas rire.

Les fous ont perdu *la* raison (et non pas *leur*).

On croit que la taupe est aveugle parcequ'elle a *les* yeux très petits.

Chaque homme a son ambition.

Ces chapeaux coûtent 15 francs *chacun* (et non pas *chaque*).

Ils m'ont remercié, chacun à *sa* manière.

Ils font, chacun, *leur* devoir.

Toi et *moi* nous travaillerons avec ardeur.

J'irai *vous* voir bientôt (et non pas : Je *vous* irai voir).

Je voulais la voir et *l'*entendre; lui parler et *lui* répondre.

L'homme n'a guère de maux que ceux qu'il s'est attirés *lui-même* (et non pas *soi*-même).

Si cet enfant étudie bien, je *lui* donnerai un prix.

La campagne est très salutaire : j'*y* enverrai mes enfants.

L'architecture est la profession à *laquelle* je destine l'aîné de mes fils.

Le cadet, à *qui* elle paraît sourire aussi, étudiera avec son frère.

Victor est l'aîné, Émile est le plus jeune : *celui-là* a douze ans, *celui-ci* n'en a que neuf.

DU SUBSTANTIF.

Demande. N'y a-t-il pas des substantifs qui changent de *genre* en changeant de *nombre?*

Réponse. Oui : ainsi *amour*, *délice* et *orgue* sont du *masculin* au singulier, et du *féminin* au pluriel.

D. N'y a-t-il pas des substantifs qui changent de *genre* en changeant de *signification?*

R. Oui : tels sont les substantifs *aigle*, *aune*, *crêpe*, *guide*, *livre*, *manche*, *moule*, *mousse* et *somme*.

D. Que signifie *aigle* au masculin?

R. C'est l'oiseau qu'on nomme *aigle* en général.

D. Que signifie-t-il au féminin?

R. C'est l'aigle femelle, ou bien un étendard.

(*Et ainsi de suite pour les autres.*)

D. Comment la plupart des substantifs en *al* et quelques-uns en *ail* font-ils au pluriel?

R. Ils sont terminés en *aux*. Ainsi les substantifs *corail*, *cristal* et *métal* font au pluriel *coraux*, *cristaux* et *métaux*.

D. Quels sont les substantifs qui forment leur pluriel irrégulièrement dans certains cas?

R. *OEil*; *ciel*, *aïeul* et *travail.*

D. Qu'entend-on par des *œils?*

R. Ce sont des trous ronds, ou fenêtres, qu'on appele des *œils-de-bœuf*, ou bien encore, une sorte de pendule ronde.

D. Qu'entend-on par des *yeux?*

R. Ce sont les organes de la vue, ou bien, de petits ronds formés sur le bouillon, ou enfin, des trous dans le pain, dans le fromage, etc.

(*Et ainsi de suite pour les autres.*)

D. Quelle est la place du substantif *sujet* de verbe?

R. Le plus ordinairement il *précède* le verbe; mais quelquefois il se met *après* le verbe : ce qui a toujours lieu quand la phrase est interrogative.

D. Quelle place occupe le substantif *complément?*

R. Il se met toujours *après* le verbe et *après* la préposition.

DE L'ADJECTIF.

Demande. N'y a-t-il pas des adjectifs qui ont deux masculins au singulier ?

Réponse. Oui. Ainsi on dit :

CET *enfant* et CE *jeune homme;*

Un BEL *oiseau* et *un* BEAU *jour;*

Un NOUVEL *an* et *un* NOUVEAU *bienfait;*

Un VIEIL *homme* et *un* VIEUX *garçon;*

Un MOL *édredon* et *du fromage* MOU ;

Un FOL *espoir* et *un* FOU *rire.*

D. Dans quel cas emploie-t-on *cet*, *bel*, *nouvel*, *vieil*, *fol* et *mol* au masculin ?

R. On ne les emploie plus aujourd'hui que devant un mot commençant par un son qui n'est pas aspiré, comme CET *enfant*, FOL *espoir.*

D. Comment certains adjectifs en *al* font-ils au pluriel ?

R. Ils ont le pluriel terminé en *aux.* Ainsi *Capit* al... fait *capit* aux.
Eg al...... — *ég* aux.
Libér al... — *libér* aux.
Nation al. — *nation* aux.

D. N'y a-t-il pas des adjectifs qui changent de *signification* selon la place qu'ils occupent ?

R. Oui. Ainsi *un* BON *homme* signifie *un homme simple, qui se laisse tromper*; *un homme* BON signifie *un homme qui aime à obliger.*

(*Et ainsi de suite.*)

D. Y a-t-il une règle pour fixer la place des adjectifs ?

R. Non : l'oreille et l'usage peuvent seuls l'indiquer.

D. Quelle est le plus souvent la place des participes passés employés comme adjectifs ?

R. Ils se placent après les substantifs qu'ils qualifient.

D. Que remarquez-vous relativement aux adjectifs masculins *mon*, *ton*, *son* ?

R. Qu'ils servent aussi à déterminer les substantifs féminins qui commencent par un son non aspiré, comme *amitié.*

D. A quel genre met-on les adjectifs qui qualifient le substantif pluriel *gens* ?

R. L'adjectif qui précède immédiatement le substantif *gens* se met au féminin (*les* VIEILLES *gens*); dans les autres cas, il se met au masculin (*des gens* PRUDENTS).

D. Pourquoi dit-on : *On est* HEUREUSE *d'être mère* et non point HEUREUX ?

R. Parcequ'il est évidemment question d'une femme.

DE L'ADJECTIF. (SUITE)

Demande. Pourquoi faut-il dire LES *pères et* LES *mères*, et non pas LES *pères et mères*?

Réponse. Parcequ'il faut répéter le déterminatif avant chaque substantif.

D. Pourquoi, dans cette phrase, *Pauvreté n'est pas vice*, a-t-on supprimé les déterminatifs?

R. Pour rendre l'expression plus vive et plus forte.

D. Pourquoi faut-il dire *Le criminel a* LE *sommeil agité*, et non pas *a* SON *sommeil agité*?

R. Parceque l'idée de possession est suffisamment exprimée par le verbe *avoir*. C'est le sommeil du criminel et non celui d'un autre.

D. Quand doit-on dire LE *plus*, LA *plus*, LES *plus*; LE *moins*, LA *moins*, LES *moins*?

R. Seulement devant un adjectif, lorsqu'il y a comparaison, comme dans *les arbres* LES *plus élevés*. Partout ailleurs, *le plus*, *le moins* sont invariables.

D. Peut-on dire : *Ces chevaux coûtent* 300 *francs* CHAQUE?

R. Non : il faut dire *coûtent* 300 *francs* CHACUN, car l'adjectif *chaque* veut toujours un substantif après lui (*chaque* PAYS).

D. Dans quel cas doit-on mettre *son*, *sa*, *ses* après *chacun*?

R. On emploie *son*, *sa*, *ses* après *chacun* lorsque la proposition qui précède est complète. Ainsi on dira : *Les juges prononcent*, *chacun selon* SES *lumières*, parceque la proposition *les juges prononcent* est complète ; mais on dira : *Les langues ont*, *chacune*, LEURS *bizarreries*; parceque la proposition *les langues ont* n'est pas complète : on ne sait pas encore *ce qu'elles ont*.

D. Qu'y a-t-il à remarquer lorsqu'un adjectif est employé adverbialement?

R. Dans ce cas, il n'exprime plus une qualité, mais il modifie un verbe, comme *crier* FORT, *sentir* BON : il est alors invariable.

DU PRONOM.

Demande. Où se place le pronom *sujet* du verbe?
Réponse. Il se place ordinairement *avant* ce verbe : IL *veut*, IL *ne veut pas.*

D. Quand le pronom *sujet* peut-il se placer *après* le verbe?
R. Lorsqu'il y a interrogation (*savez*-VOUS), et quelquefois sans interrogation (*dit*-ELLE).

D. Quand des pronoms de différentes personnes sont sujets du même verbe, dans quel ordre place-t-on ces pronoms?
R. Le pronom de la première personne se place toujours le dernier (VOUS *et* MOI).

D. Doit-on répéter devant chaque verbe le pronom personnel sujet de ces verbes?
R. Le pronom sujet ne se répète qu'autant que la répétition de ce pronom donne à la phrase plus d'élégance, de force ou de clarté.

D. Quelle est la place du pronom personnel *complément?*
R. Il se place toujours *avant* le verbe (*le mensonge* ME *révolte*), excepté quand ce verbe est à l'impératif (*aimons*-NOUS).

D. Lorsqu'un verbe à l'infinitif est sous la dépendance d'un autre verbe, quelle doit être la place du pronom complément de l'infinitif?
R. Il doit se mettre immédiatement avant cet infinitif. Ainsi il faut dire : *Je veux* vous *obliger*, et non pas : *Je* vous *veux obliger.*

D. Doit-on répéter les pronoms compléments avant chaque verbe?
R. Oui. Ainsi il faut dire : *Je veux* LES *voir*, LES *prier*, LES *presser*, LES *fléchir*, et non pas : *Je veux* LES *voir*, *prier*, *presser*, *fléchir*.

D. Quelle doit être la place des pronoms conjonctifs *qui*, *que*, *dont?*
R. Il faut, autant que possible, les placer tout près du substantif avec lequel ils sont en rapport (*l'enfant* QUI, *l'homme* DONT).

D. Comment donc faut-il rectifier cette phrase : *Il y a une certaine douceur dans le langage d'un hypocrite* QUE *n'a pas la vérité?*
R. Il faut dire : *Il y a dans le langage d'un hypocrite une certaine douceur* QUE *n'a pas la vérité.*

DU PRONOM. (SUITE.)

Demande. Quand doit-on employer le pronom *soi?*
Réponse. Avec un substantif indéfini, comme *on*, *chacun*, ou avec un infinitif, comme *vivre*.

D. Quand doit-on employer le pronom *lui?*
R. Lorsqu'il est en rapport avec un substantif déterminé, comme *l'égoïste*.

D. Emploie-t-on indifféremment les pronoms *lui*, *leur*, *eux*, *elles*, avec un substantif de personne et avec un substantif de chose?
R. Non : ils ne s'emploient qu'avec un substantif de personne, ou bien, avec un substantif *personnifié*, comme dans *Le travail est mon sauveur; je* LUI *dois la vie :* autrement, on se sert des pronoms *en* et *y*.

D. De quelle sorte de substantifs le pronom *y* doit-il tenir la place?
R. Le pronom *y* ne doit tenir la place que de substantifs d'objets inanimés; comme dans *J'ai connu le* MALHEUR *et j'*Y *sais compâtir.*

D. De quelle sorte de substantifs le pronom *en*, signifiant *de cela*, doit-il tenir la place?
R. Le pronom *en*, signifiant *de cela*, doit tenir là place de substantifs d'objets inanimés, comme dans *Le* TEMPS *fuit : la perte* EN *est irréparable.*

D. Quand doit-on employer le pronom *en*, signifiant *de lui*, *d'elle*, *d'eux*, *d'elles?*
R. Quand il s'agit de personnes, comme dans *Le chef des deux époux* EN *doit être l'exemple.*
D. Quand le pronom *le* est-il invariable?
R. Toutes les fois qu'il ne tient pas la place d'un substantif : alors il signifie *cela*, comme dans *faites*-LE, c'est-à-dire *faites* CELA.

D. Quand doit-on employer *à qui*, *de qui?*
R. Ils ne doivent se dire que des personnes et des choses *personnifiées.*

D. Quand doit-on employer *auquel*, *duquel?*
R. Ils peuvent se dire indifféremment des personnes et des choses.

D. Quelle différence y a-t-il entre *celui-ci* et *celui-là?*
R. *Celui-ci* se rapporte au substantif le plus proche, c'est-à-dire, exprimé le dernier; *celui-là* désigne le substantif le plus éloigné, c'est-à-dire, exprimé le premier.

RÉCAPITULATION.

Demande. Tous les substantifs ont-ils toujours le même genre?
Réponse. Quelques-uns changent de genre en changeant de nombre ou de signification.

D. Comment la plupart des substantifs en ***al*** et en ***ail***, et quelques adjectifs en *al*, font-ils au pluriel?
R. Ils font leur pluriel en *aux*.

D. Que remarquez-vous relativement à *œil*, *ciel*, *aïeul* et *travail?*
R. Je remarque que ces substantifs ont deux pluriels : *œils* et *yeux*, *ciels* et *cieux*, *aïeuls* et *aïeux*; *travails* et *travaux*.

D. Quelle est la place du sujet d'un verbe?
R. Il se place avant ce verbe quand il n'y a pas interrogation.

D. Quelle est la place du substantif et du pronom *compléments* d'un verbe?
R. Le substantif se place après le verbe; le pronom se place avant.

D. Les adjectifs n'ont-ils tous qu'un masculin?
R. Il y en a qui ont deux masculins au singulier.

D. Tous les adjectifs ont-ils la même signification?
R. Il y en a qui changent de signification selon la place qu'ils occupent.

D. Que remarquez-vous relativement à *mon*, *ton*, *son?*
R. Ils s'emploient aussi au féminin devant un son qui n'est pas aspiré.

D. Que remarquez-vous relativement à la répétition du déterminatif?
R. On le répète avant chaque substantif.

D Peut-on dire *Il a* SON *sommeil agité?*
R. Non : l'idée de possession est suffisamment exprimée par le verbe *avoir*.

D. Que remarquez-vous relativement à *chaque* et à *chacun?*
R. *Chaque* veut un substantif après lui; *chacun* n'en est jamais suivi immédiatement.

D. Quand faut-il employer *son*, *sa*, *ses* ou *leur*, *leurs* après *chacun?*
R. N'employez *son*, *sa*, *ses*, que quand la première proposition est complète; quand elle est incomplète, employez *leur*, *leurs*.

D. Dans quel ordre doivent être placés plusieurs pronoms personnels, sujets du même verbe?
R. Le pronom de la première personne se place le dernier.

D. Le pronom complément doit-il être éloigné du verbe qui le régit?
R. On doit le mettre le plus près possible.

D. Lorsqu'un pronom est complément de plusieurs verbes, peut-il n'être exprimé qu'une fois?
R. Les pronoms compléments se répètent avant chaque verbe.

D. Comment emploie-t-on les pronoms *soi* et *lui?*
R. Le pronom *soi* se construit avec un mot indéterminé, et le pronom *lui* avec un substantif déterminé.

D. Quelle différence faites-vous entre les pronoms *lui*, *leur*, *eux*, *elles* et les pronoms *y* et *en?*
R. *Lui*, *leur*, s'emploient avec des substantifs de personnes; *y* et *en* s'emploient avec des substantifs d'objets inanimés.

D. Comment s'emploient *à qui*, *de qui*, *auquel* et *duquel?*
R. *A qui*, *de qui* se disent des personnes; *auquel* et *duquel* se disent des personnes et des choses.

D. Quelle différence y a-t-il entre *celui-ci* et *celui-là?*
R. *Celui-ci* se rapporte au substantif le plus proche, c'est-à-dire énoncé le dernier.

DU VERBE. (ACCORD AVEC LE SUJET. — *Nombre.*)

La vertu *plait.*— Les enfants *doivent* étudier.

RÈGLE. — Tout verbe doit être au même nombre que son sujet.

Plait....... est au singul., parceque *vertu* est au singulier.
Doivent... est au pluriel, parceque *enfants* est au pluriel.

Le vice et la vertu *sont* ennemis.

RÈGLE. — Plusieurs sujets au singulier veulent le verbe au pluriel (*le* vice et *la* vertu SONT).

Le temps, les biens, la vie, *tout* est à la patrie.

RÈGLE. — Quoique le verbe ait plusieurs sujets, il se met au singulier lorsqu'il est précédé d'un substantif qui réunit en lui tous les sujets énoncés (TOUT *est à la patrie*).

Un seul mot, un soupir, un REGARD nous *trahit*.

RÈGLE. — Le verbe se met encore au singulier, après plusieurs sujets, lorsque toute l'attention se fixe sur le dernier (*un* REGARD *nous trahit*).

Le peu de soldats qui *restaient* dans la citadelle a *suffi* pour la défendre.

RÈGLE. — Lorsqu'un verbe est précédé de deux substantifs unis par la préposition *de* (*le* PEU *de* SOLDATS), il s'accorde avec le substantif qui fixe le plus l'attention. (Les soldats *restaient* dans la citadelle; mais c'est *le* PEU de soldats qui a *suffi* pour la défendre.)

Ni l'or ni la grandeur ne nous *rendent* heureux.
L'ignorance ou la partialité *déguisent* tout.

RÈGLE. — Lorsque deux substantifs sont unis par la conjonction *ni*, ou par la conjonction *ou*, mettez le verbe au pluriel, si les deux substantifs peuvent faire *à la fois* l'action exprimée par le verbe.

L'or ne nous rend pas heureux; la *grandeur* non plus.
L'*ignorance* déguise tout; la *partialité* aussi.

La richesse, comme le luxe, *engendre* la mollesse.

RÈGLE. — Le verbe se met au singulier ou au pluriel, après les conjonctions *ainsi que*, *comme*, *de même que*.

Si les conjonctions marquent une *comparaison*, le verbe se met au singulier; mais il se met au pluriel si les conjonctions peuvent être remplacées par *et*.

S'il y a comparaison, mettez entre deux virgules les mots qui se trouvent entre le premier substantif et le verbe :

La richesse, comme le luxe, engendre la mollesse.

(*Voyez le* QUESTIONNAIRE, *p.* 112.)

DU VERBE. (ACCORD AVEC LE SUJET.— *Nombre.*)

Toujours la haine ***veille*** et l'amitié ***s'endort.***

On ***appèle*** satellites certaines planètes qui ***tournent*** autour des autres.

Un volcan ***est*** une sorte de canon dont l'ouverture ***a*** quelquefois plus d'une demi-lieue.

Patience et succès ***marchent*** toujours ensemble.

La crainte et la honte ***accompagnent*** toujours le mal.

Le marchand, l'ouvrier, le juge et le soldat
Sont tous également des membres de l'État.

Grands et petits, riches et pauvres, ***personne*** ne peut se soustraire à la mort.

Une inattention, une parole peu mesurée, une bagatelle, un ***rien*** suffit pour faire une blessure.

Lois, commerce, police, discipline militaire, sciences, beaux-arts, ***tout*** s'est perfectionné.

Votre intérêt, celui de vos enfants, votre HONNEUR ***exige*** ce sacrifice.

Votre état, votre rang, votre PÈRE, quel ***était-il?***

(*Dictez les phrases suivantes, et faites rendre compte de chaque règle.*)

Une infinité de sources ***descendent*** des montagnes de l'Amérique et ***forment*** les plus grands fleuves de la terre.

Une infinité d'étoiles ***sont*** invisibles.

Un grand nombre de lacs et de rivières ***arrosent*** la Suisse.

La plupart des animaux ***ont*** plus d'agilité, plus de force et même plus de courage que l'homme.

Ni le temps ni le malheur ne ***doivent*** effacer de notre cœur le souvenir d'un ami.

Il n'y a rien que la crainte ou l'espérance (1) ne ***persuadent*** aux hommes.

Ni le bonheur ni la fortune ne ***font*** l'élévation des hommes.

La paresse ou l'inconstance (1) ***font*** perdre le prix des meilleurs commencements.

Il n'y a ni rang ni fortune qui ***puissent*** racheter de basses inclinations.

L'homme, ainsi que la vigne, ***a*** besoin de support. (*Comparaison.*)

La mort, comme la naissance, ***est*** un mystère de la nature. (*Comp.*)

La vie humaine ainsi que les plus belles fleurs ne ***durent*** qu'un moment. (***Ainsi que*** pour ***et.***)

Le luxe, de même qu'un torrent, ***renverse*** et ***entraîne*** tout. (*Comparaison.*)

L'éléphant comme le castor (2) ***aiment*** la société de leurs semblables. (*Comme* pour *et.*)

---

(1) Évitez, dans ce cas, l'emploi de ***ou*** : employez plutôt la conjonction ***et.***
(2) Il vaut mieux dire l'***éléphant*** ET ***le castor.***

DU VERBE. (ACCORD AVEC LE SUJET. — *Personne.*)

Vous *croyez* **à tort que les taupes** *sont* **aveugles.**

RÈGLE. — Tout verbe doit être à la même *personne* que son sujet.

Vous... est de la 2e personne : *croyez* est à la 2e personne.

Taupes est de la 3e personne : *sont...* est à la 3e personne.

Vous et votre frère *vous devez* **vous aimer.**

RÈGLE. — Quand le verbe a plusieurs sujets de différentes personnes, il s'accorde avec la personne qui a la priorité : la 1re personne l'emporte sur la 2e ; celle-ci l'emporte sur la 3e.

Vous est de la 2e personne : *votre frère*, de la 3e.

Le verbe doit donc être à la 2e personne (*vous devez*).

C'est moi *qui* **vous** *instruirai.*
C'est Galilée *qui inventa* **les télescopes.**

RÈGLE. — Lorsque le sujet du verbe est le pronom conjonctif *qui*, on met le verbe à la même personne que le mot auquel *qui* se rapporte.

Moi... est de la 1re pers. : *instruirai* est à la 1re pers. ;

Galilée est de la 3e pers. : *inventa...* est à la 3e pers.

VERBES IRRÉGULIERS.

Nous *fesons* **bien ; vous** *faites* **mal ; ils** *font* **plus mal encore.**

RÈGLE. — Beaucoup de verbes ne se conjuguent pas entièrement selon les règles ordinaires : c'est pour cela qu'on les appèle *irréguliers*.

	On devrait dire :	Mais on dit :
Acquérir.	— **J'acquérirai.**	**J'acquerrai, tu acquerras.**
Aller.	— **J'allerai.**	**J'irai ; que j'aille.**
Courir.	— **Je courirai.**	**Je courrai, tu courras.**
Cueillir.	— **Je cueillirai.**	**Je ceuillerai, tu cueilleras.**
Devoir.	— **Je devoirai.**	**Je devrai ; que je doive.**
Envoyer.	— **J'envoierai.**	**J'enverrai, tu enverras.**
Faire.	— **Je fairai.**	**Je ferai ; que je fasse.**
Tenir.	— **Je tenirai.**	**Je tiendrai ; que je tiène.**

L'usage apprendra les autres.

RÈGLE. — Il y a des verbes qui se conjuguent irrégulièrement dans les différentes personnes du même *temps*.

On devrait dire :	Mais on dit :
Je *bois*, **n.** *boivons*, **v.** *boivez.*	**Nous** *buvons*, **vous** *buvez.*
Je *dois*, **n.** *doivons*, **v.** *doivez.*	**Nous** *devons*, **vous** *devez.*
Je *dis*, **n.** *disons*, **v.** *disez.*	**Nous** *disons*, **vous** *dites.*
Je *fais*, **n.** *faisons*, **v.** *faisez*, **ils** *faisent.*	**Nous** *fesons*, **vous** *faites*, **ils** *font.*

L'usage apprendra les autres.

(*Voyez le* QUESTIONNAIRE, p. 118.)

DU VERBE. (ACCORD AVEC LE SUJET. — *Personne.*)

(*Dictez les phrases suivantes, et faites rendre compte de chaque règle.*)

Le serpent de l'Océan ***a*** (3e pers.) 100 mètres de long : quelques auteurs ***disent*** (3e pers.) qu'il a 200 mètres.

Savez-vous (2e pers.) que le Sénégal ***est*** (3e pers.) en Afrique ?

Ce beau papillon ***était*** (3e pers.) une chenille.

Votre ***père*** (3e pers.) et ***moi*** (1re pers.) nous ***voulons*** (1re pers.) votre bonheur.

Vous (2e pers.) et ***moi*** (1re pers.) ***soyons*** (1re pers.) complaisants l'un envers l'autre.

Vous (2e pers.) et votre ***frère*** (3e pers.) ***soyez*** (2e pers.) dociles et laborieux.

C'est Papin qui ***inventa*** (3e pers.) les machines à vapeur.

C'est vous, hypocrites, qui ***prêchez*** la vertu, et c'est vous qui la ***pratiquez*** le moins. (Et non pas : ***qui*** prêchent, ***qui*** pratiquent.)

La nature brute est hideuse et sauvage : c'est moi seul, dit l'homme, qui ***ai*** pu la rendre agréable et vivante. (Et non pas : ***qui*** A.)

C'est toi qui t'***es*** montré ingrat envers ton bienfaiteur, qui m'***as*** abre de dégoûts, qui ***as*** empoisonné ma vieillesse.

VERBES IRRÉGULIERS.

(*Dictez l'*INFINITIF : *l'élève écrira le* FUTUR.)

LE M. ***Courir*** . . . . ***L'EL.*** ***Fut.*** Je courrai, tu courras.
M. ***Faire*** . . . . ***EL.*** Je ferai, tu feras.
M. ***Savoir*** . . . . ***EL.*** Je saurai, tu sauras.
M. ***Tenir*** . . . . ***EL.*** Je tiendrai, tu tiendras.
M. ***Cueillir*** . . . . ***EL.*** Je cueillerai, tu cueilleras.
M. ***Mourir*** . . . . ***EL.*** Je mourrai, tu mourras.

(*Dictez le* PARTICIPE PRÉSENT : *l'élève écrira le* PRÉSENT DU SUBJONCTIF.)

LE M. ***Devant*** . . . . ***L'EL.*** Que je doive, que tu doives.
M. ***Voulant*** . . . . ***EL.*** Que je veuille, que tu veuilles.
M. ***Allant*** . . . . ***EL.*** Que j'aille, que tu ailles.

(*Dictez la première* PERSONNE : *l'élève finira le* TEMPS.)

LE M. ***Je bois.***
L'EL. Tu bois, il boit, nous ***buvons***, vous ***buvez***, ils boivent.
M. ***Je fais.***
EL. Tu fais, il fait, nous ***fesons***; vous ***faites***, ils ***font.***
M. ***Je dois.***
EL. Tu dois, il doit, nous ***devons***, vous ***devez***, ils doivent.
M. ***Que je doive.***
EL. Que tu doives, qu'il doive, que nous ***devions***, que vous ***deviez***, qu'ils doivent.

DU VERBE *avec* AVOIR *ou* ÊTRE.

Il a *passé* par Lyon. — Les chaleurs sont *passées*.

RÈGLE. — Il y a des verbes intransitifs qui, dans leurs temps composés, se conjuguent avec *avoir* ou *être*, selon le sens qu'on veut exprimer. En général, on se sert du verbe *avoir* quand on veut exprimer une *action faite* (*il* A *passé par Lyon*); on se sert du verbe *être* pour exprimer un *état présent*, une sorte de *qualité* (*les chaleurs* SONT *passées*).

On dit avec ÊTRE :	On dit avec AVOIR :
Ma mère EST *allée* **en visite : attendez la.**	**Hier au soir, j'**AI **été à la promenade.**
Le prix du blé EST *augmenté*.	**Le prix** A *augmenté* **vite**
Comme la rivière EST *baissée!*	**La rivière** A *baissé* **d'un pied.**
Le tuyau EST *crevé*.	**Son fusil** A *crevé* **dans sa main.**
La rivière EST *débordée*.	**La rivière** A *débordé* **deux fois.**
Maintenant il EST *descendu*	**Il** A *descendu* **au salon**
On dirait qu'elle EST *grandie*	**Elle** A *grandi* **en peu de temps**
Il EST *parti* **depuis une heure.**	**Il** A *parti* **précipitamment.**
L'heure EST *sonnée*.	**La pendule** A *sonné* **trop tôt.**
Il EST *tombé* **: relevez-le.**	**Il** A *tombé* **sans se faire mal.**
Comme vous ÊTES *vieilli!*	**Elle** A *vieilli* **en peu de temps.**

Ce mot m'*est* échappé : pardonne à ma franchise.
Ce mot m'*a* échappé : je ne m'en souviens plus.

RÈGLE. — On voit par ces deux exemples que le changement d'auxiliaire peut quelquefois changer entièrement la signification du verbe.

En satisfesant *à* son devoir, il a satisfait son maître.

RÈGLE. — Il y a des verbes qui sont tantôt *transitifs* et tantôt *intransitifs*.

Verbes transitifs.	Verbes intransitifs.
On *aide* **quelqu'un à payer ses dettes.**	**On** *aide* A **quelqu'un à porter un fardeau.**
J'*ai ajouté* **20 fr. à la somme.**	**Le travail** *ajoute* A **la gaîté.**
On *pardonne* **une chose.**	**On** *pardonne* A **quelqu'un.**
On *préside* **une séance.**	**On** *préside* A **une solennité.**
On *satisfait* **quelqu'un.**	**On** *satisfait* A **une chose**
On *supplée* **quelqu'un.**	**On** *supplée* A **quelque chose.**

(*Voyez le* QUESTIONNAIRE, *p.* 114.)

DU VERBE *avec* AVOIR *ou* ÊTRE.

(Dictez les phrases suivantes, et faites rendre compte de la règle.)

Avez-vous été voir le Jardin des Plantes?
Votre père est sorti en ce moment : où *est-il allé?*
Ne craignez plus rien : l'orage *est* passé.
J'ai passé par Calais pour aller en Angleterre.
Au mois d'octobre, les beaux jours *sont* passés.
Le thermomètre *a* descendu de quatre degrés en huit heures.
J'ai sorti ce matin pour affaire.
N'allez pas chez ma mère : elle *est sortie.*
La rivière *est sortie* de son lit : la voilà débordée.
Où est M. votre père? — Il *est monté* à sa chambre : il sommeille.
A quelle heure y *a-t-il monté?* — A deux heures.
Où madame votre mère *est-elle* allée? — Chez ma sœur : elle reviendra bientôt.
Dites-moi quand elle y *a été.* — Ce matin.
Cette horloge n'*a* pas sonné depuis trois jours.
La retraite *est* sonnée depuis une demi-heure.
J'ai passé par Amiens pour aller de Paris à Calais.
Et d'excès en excès, j'*ai* roulé, j'*ai* tombé.

J'ai retenu le chant : les vers m'*ont* échappé.
Je suis convenu du prix de cet appartement.
L'autre local m'*aurait* convenu davantage.
Rappelez-moi la date de la mort de Napoléon : elle m'*a* échappé.

On pardonne *une* offense.
La mort ne pardonne *à* personne.
Si votre frère ne veut pas venir, *je le suppléerai.*
Souvent l'audace *supplée* A *la* faiblesse des moyens.
On doit *s'aider* les uns *les* autres.
Le repos d'esprit *aide* A *la* guérison d'un malade.
Il faut *pardonner les* fautes de la jeunesse.
Nous ne *pardonnons* jamais A *ceux* qui nous humilient.
Le préfet a *présidé* A *la* distribution des prix (1).

(1) On peut dire aussi : *Présider* UNE distribution de prix.

DU VERBE. (*Emploi des* MODES *et des* TEMPS.)

Il vaut mieux *être* **malheureux que criminel.**

RÈGLE. — Au lieu de dire : *Il vaut mieux* QU'ON SOIT *malheureux que criminel*, dites : *Il vaut mieux* ÊTRE, etc.

Je *pars* **dans une heure. — Je** *reviens* **à l'instant.**
Turenne *meurt :* **tout se** *confond;* **la fortune** *change.*

RÈGLE. — Le *présent de l'indicatif* s'emploie pour le *futur*. (*Je* PARS, pour *je* PARTIRAI.) Il s'emploie aussi pour le *passé*. (*Turenne* MEURT, pour *Turenne* MOURUT.)

Tandisque le cardinal Mazarin *gagne* **des batailles contre les ennemis de l'État, les siens** *combattaient* **contre lui.**

RÈGLE. — Tous les verbes en rapport dans une phrase doivent être au même *temps.*

Ainsi il fallait dire : *Les siens* COMBATTENT *contre lui*, puisqu'on avait dit : *Tandisque Mazarin* GAGNE *des batailles.*

Je vous ai dit que la sagesse *valait* **mieux que la fortune.**

RÈGLE. — N'employez pas le *passé imparfait* pour exprimer une chose vraie dans tous les temps. Dites donc : *Je vous ait dit que la sagesse* VAUT *mieux que la fortune;* car cela est toujours vrai.

L'ennui *naquit* **un jour de l'uniformité.**

RÈGLE. — Le *passé défini* s'emploie pour exprimer un temps absolument écoulé (NAQUIT *un jour*).

La ville de Troies A *été* **détruite par les Grecs.**

RÈGLE. — Le *passé indéfini* peut s'employer indifféremment pour exprimer un temps écoulé entièrement ou en partie.

Tu ne *mentiras* **pas.**

RÈGLE. — Le *futur* a souvent la signification de l'*impératif*. (*Tu ne* MENTIRAS *pas*, pour *ne* MENTS *pas.*)

On a dit que l'on *ferait* **un chemin de fer de Paris à Lyon.**

RÈGLE. — N'employez pas le *conditionnel* pour le *futur :* ainsi dites *que l'on* FERA, car il n'y a aucune idée de condition dans cette phrase.

J'*aimerais* **que l'on travaillât à former le cœur de la jeunesse.**

RÈGLE. — Le *conditionnel* s'emploie quelquefois pour l'*indicatif*. (J'AIMERAIS... pour *j'*AIME *que l'on travaille.*)

(*Voyez le* QUESTIONNAIRE, *p.* 115.)

DU VERBE. (*Emploi des* MODES *et des* TEMPS.)

(*Dictez les phrases suivantes, et faites rendre compte de chaque règle.*)

Il vaut mieux *sauver* un seul citoyen que *défaire* mille ennemis. (Et non pas : *que l'on sauve, que l'on défasse.*)

Demain la trêve *expire*, et demain l'on *t'arrête.* (Pour *expirera, t'arrêtera.*)

Demain Zopire *est* maître et *fait* tomber ta tête. (Pour *sera, fera.*)

Il *veut* les rappeler et sa voix les *effraie.* (Pour *il voulut* les rappeler, et sa voix les *effraya.*)

Dans huit jours je *reçois* ma nomination et je *pars* aussitôt.

Un soldat, étant tombé sous le cheval de Cyrus, lui *donne* un coup d'épée dans le ventre : le cheval blessé *secoue* son maître ; Cyrus *tombe.* (Et non pas *tomba.*)

Il *fond* sur l'ennemi et le *renverse* par terre. (Et non pas *le renversa.*)

Un auteur disait que l'envie *est* un hommage maladroit que l'infériorité *rend* au mérite. (Et non pas *était, rendait.*)

On a dit que l'espérance *est* le songe d'un homme éveillé.

On croyait autrefois comme aujourd'hui que le vice *est* l'ennemi de la vertu.

Alexandre-le-Grand *gagna* la bataille du Granique ; il *vainquit* Darius, roi des Perses ; il *s'empara* de ses États, et *pénétra* dans l'Inde.

Ce *fut* un moine qui, dit-on, *découvrit* la poudre.

Toutes les religions *ont prêché* l'amour du prochain.

On *a récolté*, cette année, une grande quantité de blé.

Depuis le commencement de ce siècle, les arts mécaniques *ont fait* en France beaucoup de progrès.

Un général dit à un capitaine : *Vous prendrez* quinze hommes avec vous ; *vous irez* vous placer à l'entrée du passage ; *vous vous ferez* tuer jusqu'au dernier. (Pour *prenez ; allez ; faites-vous* tuer.)

On m'a assuré que Paris *sera* port de mer dans vingt ans. (Et non pas *serait.*)

Il *faudrait* que les hommes pussent s'entendre une bonne fois sur leurs intérêts. (Pour *il faut.*)

L'*auriez-vous soupçonné* d'un vice si déshonorant ? (Pour l'*avez-vous ?*)

Pourquoi *violerait-il* un des devoirs les plus saints ? (Pour *violera-t-il ?*)

DU VERBE. (*Emploi des* MODES *et des* TEMPS.)

RÈGLE. — Mettez le second verbe au SUBJONCTIF :

1° Lorsque le premier verbe exprime la volonté, la crainte ou le doute :

Apprends à obéir, si tu veux qu'on t'*obéisse* un jour.

2° Lorsque le premier verbe est accompagné d'une négation ou d'une interrogation :

Ne crois pas qu'un bienfait *soit* perdu pour ton cœur.

3° Après *il n'y a rien qui, il n'y a personne qui :*

***Il n'y a rien* qui *rafraîchisse* le sang comme une bonne action.**

4° Après *le plus, le moins, le mieux, le meilleur..... qui :*

Le *plus* grand théâtre qu'il y *ait* pour la vertu, c'est la conscience.

5° Après *quelque... que, qui que, quoi que :*

***Quoi que* vous *écriviez*, évitez la bassesse.**

J'aspire à une place qui *soit* (ou qui *est*) agréable.

RÈGLE. — Dans le premier cas, il y a doute et desir : on ne désigne pas positivement la place à laquelle on aspire, on desire seulement qu'elle *soit* agréable (*subjonctif*). Dans le deuxième cas, on connaît la place à laquelle on aspire : on sait qu'elle *est* agréable (*indicatif*).

Je *voulais*, je *voudrais* que tu *écrivisses* (*aujourd'hui* ou *demain*).
Je *voulais*, je *voudrais* que tu *eusses écrit* (*hier*).

RÈGLE. — Après un des temps *passés* de l'indicatif (je *voulais*), ou au conditionnel (je *voudrais*), mettez le deuxième verbe au *passé imparfait du subjonctif* (que tu *écrivisses*), si vous voulez exprimer un présent ou un futur par rapport au premier verbe (*aujourd'hui*, *demain*); mettez-le au *passé plusqueparfait du subjonctif* (que tu *eusses écrit*), si vous voulez exprimer un passé (*hier*).

REMARQUEZ que les règles qu'on vient de lire ne sont pas d'une application générale. Quand on parle ou quand on écrit, ce n'est pas toujours le temps du premier verbe qu'on doit considérer pour mettre le deuxième verbe à tel ou tel temps du subjonctif : il faut plutôt s'attacher à l'idée qu'on veut peindre, au sens qu'on veut exprimer.

(*Voyez le* QUESTIONNAIRE, *p.* 116.)

DU VERBE. (*Emploi des* MODES *et des* TEMPS.)

(*Dictez les phrases suivantes, et faites rendre compte de chaque règle.*)

Voulez-vous qu'on *dise* du bien de vous, n'en dites pas vous-mêmes.

Je veux que chacun de vous *fasse* son devoir.

On craint que les jeunes gens qui entrent dans le monde *fassent* de mauvaises liaisons.

Je ne crois pas qu'il *puisse* y avoir de véritable amitié entre des personnes qui ne sont pas vertueuses.

Il n'y a ni rang ni fortune qui *puissent* racheter de basses inclinations.

Il n'y a personne qui *soit* exempt des devoirs de société.

L'agriculture est le premier métier de l'homme : c'est *le plus* honnête, *le plus* utile, et par conséquent *le plus* noble qu'il *puisse* exercer.

La sagesse est la seule chose dont la possession *soit* certaine.

De quelque facilité que vous *soyez* doué pour le travail, agissez toujours comme si vous aviez besoin de grands efforts pour réussir.

Quoi que vous *entrepreniez*, ne perdez pas de vue la fin de votre entreprise.

(*Demandez quand on doit employer l'*INDICATIF *ou le* SUBJONCTIF.)

Citez-moi un homme qui n'*ait* (ou qui n'*a*) jamais eu à se plaindre de ses semblables.

Quels sont les maux qui n'*aient* (ou qui n'*ont*) pas en même temps leurs remèdes ?

Je ferai mon devoir de manière qu'on n'*ait* (ou qu'on n'*aura*) rien à me reprocher.

Il faudrait que tous les hommes *aimassent* les louanges, et qu'ils *s'efforçassent* de les mériter.

Quoi, vous mourez innocent ! disait-on à Socrate. — Voudriez-vous donc, répondit-il, que je *mourusse* coupable ?

Mes amis, je désirerais que vous *répondissiez* aux soins de vos maîtres, et que vous *missiez* plus de zèle dans votre travail.

Pour nous épargner bien des chagrins, il faudrait que nous *suivissions* les lumières de la raison (AUJOURD'HUI).

Il y a bien des gens qui ne mépriseraient pas la réputation, *s'ils* ne *l'eussent pas perdue* (HIER).

(Il est mieux de dire : *s'ils ne l'*AVAIENT *pas perdue.*)

RÉCAPITULATION.

Tout verbe doit être au même *nombre* que son sujet.

Plusieurs sujets au singulier veulent le verbe au pluriel.

Tout verbe doit être à la même *personne* que son sujet.

Si le verbe a plusieurs sujets de différentes personnes, il s'accorde avec celle qui a la priorité.

On appèle *irréguliers* les verbes qui ne se conjuguent pas, dans certains temps, selon les *règles* ordinaires.

Il y a des verbes intransitifs qui, dans leurs termes composés, se conjuguent avec *avoir*, si l'on veut exprimer une *action*, et avec le verbe *être*, si l'on veut exprimer un *état*, une sorte de *qualité*.

On peut employer le *présent* de l'indicatif pour le *futur* : *Je* REVIENS *à l'instant*, pour *je* REVIENDRAI.

On peut aussi employer le présent de l'indicatif pour le *passé : Il meurt : aussitôt*... pour *Il* MOURUT.

Tous les verbes qui sont en rapport dans une phrase doivent être au même *temps*.

N'employez pas le *passé imparfait* pour exprimer une chose vraie dans tous les temps.

Le *passé défini* s'emploie pour exprimer un temps absolument écoulé.

Le *passé indéfini* s'emploie pour exprimer un temps écoulé entièrement ou en partie.

Le *futur* a quelquefois la signification de l'*impératif : Tu ne* MENTIRAS *pas*, pour *Ne* MENTS *pas*.

Le *conditionnel* s'emploie quelquefois pour l'*indicatif : J'*AIMERAIS *que l'on travaillât*, pour *j'*AIME *que l'on travaille.*

Mettez le second verbe au *subjonctif* :

1° Quand le premier verbe exprime le désir ou le doute ;

2° Quand il est accompagné d'une négation ou d'une interrogation ;

3° Après *il n'y a rien qui, il n'y a personne qui;*

4° Après *le plus, le moins, le mieux, le meilleur... qui*;

5° Après *quelque.... que, qui que, quoi que.*

Le second verbe se met au *passé imparfait du subjonctif* après un des temps *passés* de l'indicatif ou après le conditionnel.

Si l'on veut exprimer un *passé*, on met le second verbe *au passé plusqueparfait du subjonctif*.

(*Voyez le* QUESTIONNAIRE, *p.* 117.)

RÉCAPITULATION.

(*Dictez les phrases suivantes, et faites rendre compte de chaque règle.*)

Les hirondelles revièneut au printemps.
Les enfants *doivent* étudier.

La Seine et la Marne *se réunissent* un peu au-dessus de Paris.
Le cuivre, l'étain et l'argent *servent* à former l'airain.

Avez-vous *examiné* (2e pers.) le soleil quand il *se lève* (3e pers.) ou quand il *se couche* (3e pers.)?

Vous (2e pers.) et *moi* (1re pers.) SOYONS (1re pers.) complaisants l'un envers l'autre.

Puisqu'il faut acquérir de la science, j'en *acquerrai*.

Au mois d'octobre, les chaleurs *sont passées*.
J'*ai* passé par Lyon pour aller à Marseille.
Le thermomètre a descendu cette nuit.

Je *pars* dans une heure. (Pour : Je *partirai*.)

Il *veut* les rappeler et sa voix les *effraie*. (Pour : Il *voulut*, sa voix les *effraya*.)

Quand nous *nageons* dans l'abondance, nous ne *pensons* point aux besoins d'autrui.
On dit que l'espérance *est* le songe d'un homme éveillé.

Nous *allâmes* HIER visiter le Panthéon. (Et non pas *ce matin*.)

Les Romains *ont triomphé* jadis des nations les plus belliqueuses.
On *a fait* ce matin l'épreuve du nouveau chemin de fer.

Tu *aimeras* tes ennemis, tu *feras* du bien à ceux qui te persécutent. (Pour : *Aime* tes ennemis, *fais* du bien...)

Croiriez-vous votre fils ingrat? (Pour *croyez vous?*)

La raison veut que nous *supportions* tous les maux avec courage.
Croyez-vous qu'on *deviène* savant sans étudier? (Et non pas : *qu'on* DEVIENT.)
Il n'y a rien qui *rafraîchisse* le sang comme une bonne action. (Et non pas *qui* RAFRAÎCHIT.)
Le chien est le seul animal dont la fidélité *soit* à l'épreuve.
Quel que *puisse* être ton savoir, n'en sois point orgueilleux.

Pour nous épargner bien des chagrins, il faudrait que nous *suivissions* les lumières de la raison. (Et non pas *que nous* SUIVIONS.)
Pour obtenir les honneurs du triomphe chez les Romains, il fallait qu'on *eût tué* cinq mille ennemis.

DU VERBE. (ACCORD AVEC LE SUJET.—*Nombre.*)

Demande. A quel *nombre* un verbe doit-il être?
Réponse. Tout verbe doit être au même *nombre* que son sujet.

D. A quel nombre doit être un verbe qui a plusieurs sujets au singulier?
R. Ce verbe doit être au pluriel.
D. Dans quel cas le verbe se met-il au singulier, quoiqu'il ait plusieurs sujets?
R. C'est lorsqu'il est précédé d'un substantif qui réunit en lui tous les sujets énoncés.
D. Dans quel autre cas le verbe se met-il encore au singulier, quoiqu'il ait plusieurs sujets?
R. C'est lorsque l'attention se fixe sur le dernier sujet.

D. Dans cette phrase : ***Le peu de soldats qui*** RESTAIENT ***dans la citadelle*** A SUFFI ***pour la défendre***, pourquoi le verbe ***restaient*** est-il au pluriel, et le verbe ***a suffi*** au singulier?
R. Parceque ce sont les ***soldats*** qui ***restaient*** dans la citadelle, et que c'est ***le peu*** de soldats qui ***a suffi*** pour la défendre.

D. A quel ***nombre*** se met le verbe lorsqu'il est précédé de deux substantifs unis par la conjonction ***ni***, ou par la conjonction ***ou***?
R. Il se met au ***pluriel***, si les deux substantifs peuvent faire ***à la fois*** l'action exprimée par le verbe.

D. A quel nombre met-on le verbe lorsqu'il est précédé de deux substantifs unis par les conjonctions ***ainsi que***, ***comme***, ***de même que***, etc.?
R. Mettez le verbe au ***singulier***, si vous voulez ***comparer*** les deux substantifs entre eux ; mettez le verbe au ***pluriel***, si les conjonctions ***ainsi que***, ***comme***, etc., peuvent être remplacées par ***et***.

DU VERBE. (ACCORD AVEC SON SUJET.—*Personne.*)

Demande. A quelle *personne* un verbe doit-il être?
Réponse. Tout verbe doit être à la même *personne* que son sujet.

D. A quelle personne doit être un verbe qui a plusieurs sujets de différentes personnes?
R. Le verbe qui a plusieurs sujets de différentes personnes s'accorde avec celle qui a la priorité. La première l'emporte sur la deuxième; celle-ci l'emporte sur la troisième.

D. Lorsque le sujet du verbe est le pronom conjonctif *qui*, à quelle personne met-on le verbe?
R. On met le verbe à la même personne que le mot auquel *qui* se rapporte.
D. Pourquoi dans *C'est moi qui vous instruirai*, *instruirai* est-il à la première personne?
R. Parceque *moi* est de la première personne.

VERBES IRRÉGULIERS.

D. Qu'est-ce qu'un verbe *irrégulier?*
R. C'est celui qui ne se conjugue pas entièrement selon les *règles* ordinaires.
D. Pourquoi le verbe *acquérir* est-il irrégulier?
R. Parceque, au lieu de dire *j'acquérirai*, on dit *j'acquerrai.*
D. Pourquoi le verbe *aller* est-il irrégulier?
R Parceque, au lieu de dire *j'allerai*, *que j'alle*, on dit *j'irai*, *que j'aille.*

(*Et ainsi des autres.*)

D. N'y a-t-il pas des verbes qui se conjuguent irrégulièrement dans les différentes personnes du même temps?
R. Oui. Ainsi au lieu de dire : Je bois, nous *boivons*, vous *boivez.*
On dit : ——— nous *buvons*, vous *buvez.*
Au lieu de dire : Je dois, nous *doivons*, vous *doivez.*
On dit : ——— nous *devons*, vous *devez.*

(*Et ainsi des autres.*)

DU VERBE *avec* AVOIR *ou* ÊTRE.

Demande. Les *verbes intransitifs* se conjuguent-ils toujours avec le même auxiliaire dans les temps composés?

Réponse. Non : il y en a qui se conjuguent tantôt avec *avoir*, tantôt avec *être*.

D. Quand doit-on se servir de l'auxiliaire *avoir* ou de l'auxiliaire *être* ?

R. En général, on se sert du verbe *avoir* quand on veut exprimer une ACTION *passée;* on se sert du verbe *être* pour exprimer un ÉTAT *présent*, une sorte de *qualité*.

D. Quelle différence y a-t-il entre *ma mère* EST ALLÉE et *ma mère* A ÉTÉ?

R. Ma mère EST ALLÉE signifie que ma mère est actuellement dans un lieu; *ma mère* A ÉTÉ signifie qu'elle s'est rendue dans un lieu, mais qu'elle en est revenue.

D. Quelle différence y a-t-il entre *le prix du blé* EST *augmenté*, et *le prix du blé* A *augmenté rapidement?*

R. EST *augmenté* signifie l'*état* actuel du prix du blé; A *augmenté* signifie l'*action* d'augmenter.

(*Et ainsi des autres.*)

D. Le changement de verbe auxiliaire ne change-t-il pas quelquefois la signification du verbe principal?

R. Oui. Ainsi : *Ce mot m'*EST *échappé* signifie que je l'ai dit par mégarde; *Ce mot m'*A *échappé* signifie que je ne m'en souviens plus.

D. N'y a-t-il pas des verbes qui sont tantôt *transitifs* et tantôt *intransitifs ?*

R. Oui. Ainsi on dira *aider quelqu'un*, pour signifier le *secourir;* et *aider* A *quelqu'un* pour signifier que l'on partage la *fatigue* avec lui.

D. Quand le verbe *pardonner* est-il transitif, et dans quel cas est-il intransitif?

R. Il est *transitif* avec un substantif de chose (*on pardonne* UNE OFFENSE); il est *intransitif* avec un substantif de personne (*on pardonne* A *quelqu'un*).

(*Et ainsi des autres.*)

DU VERBE. (*Emploi des* MODES *et des* TEMPS.)

Demande. Doit-on dire : *Il vaut mieux* QU'ON SOIT malheureux que *criminel?*
R. Non. Dites : *Il vaut mieux* ÊTRE.

D. Le *présent de l'indicatif* ne s'emploie-t-il pas quelquefois pour le *futur* et pour le *passé?*
R. Oui. Ainsi on dit : *Je* PARS *dans une heure*, pour *je* PARTIRAI ; *Turenne* MEURT, pour *Turenne* MOURUT.

D. Que faut-il observer relativement aux verbes qui sont en rapport dans la même phrase?
R. Il faut que ces verbes soient tous au même *temps.*

D. Mais dans cette phrase : *Je vous* AI DIT *que la sagesse* VAUT *mieux que la fortune*, le premier verbe est au passé et le deuxième est au présent ; pourquoi cela?
R. C'est qu'on doit toujours employer le *présent* pour exprimer une chose vraie dans tous les temps. Il est toujours vrai que *la sagesse vaut mieux que la fortune.*
D. Quand emploie-t-on le *passé défini?*
R. Le *passé défini* s'emploie pour exprimer un temps absolument écoulé : *Je* NAQUIS *en* 1799.

D. Quand emploie-t-on le *passé indéfini?*
R. Le passé indéfini s'emploie indifféremment pour exprimer un temps écoulé entièrement ou en partie : J'AI COMPOSÉ *ces éléments de grammaire en* 1834.
D. Le *futur* n'a-t-il pas quelquefois la signification de l'*impératif?*
R. Oui. Ainsi l'on dit bien : *Tu ne* MENTIRAS *pas*, pour *Ne* MENTS *pas.*

D. Y a-t-il une faute dans cette phrase : *On a dit qu'on* FERAIT *un chemin de fer de Paris à Lyon?*
R. Oui. Il faut dire *qu'on* FERA, et non pas *qu'on* FERAIT, car il n'y a aucune idée de condition dans la phrase, mais bien une idée d'avenir.

D. N'emploie-t-on pas quelquefois le *conditionnel* pour l'*indicatif?*
R. Oui. Ainsi l'on dit : J'AIMERAIS *que l'on travaillât*, pour J'AIME *que l'on travaille.*

DU VERBE. (*Emploi des* MODES *et des* TEMPS.)

Demande. Quand faut-il mettre le second verbe au subjonctif?

Reponse. 1° Lorsque le premier verbe exprime la *volonté*, la *crainte* ou le doute : *Apprenez bien votre leçon, si vous voulez qu'on vous* PERMETTE *d'aller jouer.*

2° Lorsque le premier verbe est accompagné d'une négation ou d'une interrogation : *Vous ne voulez donc pas que je* SOIS *content de vous?*

3° Après *il n'y a rien qui, il n'y a personne qui :* IL N'Y A PERSONNE QUI *n'*AIT *intérêt à se bien conduire.*

4° Après *le plus, le moins, le mieux, le meilleur... qui : Napoléon est un des* PLUS *grands hommes qui* AIENT *existé.*

5° Après *quelque... que, qui que, quoi que :* QUI QUE *vous* SOYEZ, *rien ne vous dispense d'étudier.*

D. Dans quel cas faut-il dire : *J'aspire à une place qui* SOIT *agréable?*

R. Lorsqu'on ne désigne pas positivement la place à laquelle on aspire : on desire seulement *qu'elle* SOIT agréable.

D. Dans quel cas faut-il dire : *J'aspire à une place qui* EST *agréable ?*

R. Lorsque l'on connait la place à laquelle on aspire : on sait positivement *qu'elle* EST agréable.

D. Quand doit-on mettre le second verbe au *passé imparfait* du subjonctif?

R. Lorsque le premier verbe est à l'un des temps *passés* de l'indicatif, ou au conditionnel, et qu'il s'agit d'un temps *présent* ou *futur.*

D. Quand doit-on mettre le second verbe au *passé plusqueparfait* du subjonctif?

R. Lorsque le premier verbe est à l'un des temps *passés* de l'indicatif, ou au conditionnel, et qu'il s'agit d'un temps passé.

D. Toutes ces règles doivent-elles être rigoureusement observées?

R. Non. Quand on parle ou quand on écrit, ce n'est pas toujours le temps du premier verbe qu'on doit considérer pour mettre le second verbe à tel ou tel temps du subjonctif, il faut plutôt s'attacher à l'idée qu'on veut peindre.

RÉCAPITULATION.

Demande. A quel *nombre* un verbe doit-il être?

Réponse. Au même nombre que son sujet.

D. A quel nombre doit être un verbe qui a plusieurs sujets au *sing.*?

R. Plusieurs sujets au singulier veulent le verbe au *pluriel.*

D. A quelle *personne* un verbe doit-il être?

R. A la même personne que son sujet.

D. A quelle personne doit être un verbe qui a plusieurs sujets de différentes personnes?

R. Le verbe doit s'accorder avec la personne qui a la priorité.

D. Qu'est-ce qu'un verbe *irrégulier?*

R. C'est celui qui ne se conjugue pas selon les *règles* ordinaires.

D. Les verbes *intransitifs* se conjuguent-ils toujours avec le même auxiliaire dans leurs temps composés?

R. Il y a des verbes intransitifs qui, dans leurs temps composés, se conjuguent avec *avoir*, si l'on veut exprimer une *action*, et avec le verbe *être*, si l'on veut exprimer un *état.*

D. Ne peut-on pas employer le *présent* de l'indicatif pour le *futur?*

R. Oui. On dit : *Je* REVIENS *à l'instant*, pour *Je* REVIENDRAI.

D. Ne peut-on pas employer le *présent* de l'indicatif pour le *passé?*

R. Oui. On dit : *Il* MEURT : *aussitôt*... pour *Il* MOURUT...

D. Que faut-il observer relativement aux verbes qui sont en rapport dans la même *phrase?*

R. Ils doivent être au même *temps.*

D. Quand est-ce une faute d'employer le *passé imparfait?*

R. Quand on exprime une chose vraie dans tous les temps.

D. Quand emploie-t-on le *passé défini?*

R. Pour exprimer un temps absolument écoulé.

D. Quand emploie-t-on le *passé indéfini?*

R. Pour exprimer un temps écoulé entièrement ou en partie.

D. Quelle signification le *futur* a-t-il quelquefois?

R. La signification de l'impératif : *Tu ne* MENTIRAS *pas*, pour *Ne* MENTS *pas.*

D. Quelle signification le *conditionnel* a-t-il quelquefois?

R. La signification de l'indicatif : *J'*AIMERAIS *que*, pour J'AIME.

D. Quand faut-il mettre le second verbe au *subjonctif?*

R. 1° Quand le premier verbe exprime le désir ou le doute.

2° Quand il est accompagné d'une négation ou d'une interrogation;

3° Après *il n'y a rien qui, il n'y a personne qui;*

4° Après *le plus, le moins, le mieux, le meilleur... qui;*

5° Après *quelque... que, qui que, quoi que.*

D. Quand le second verbe doit-il se mettre au *passé imparfait du subjonctif?*

R. Après un des temps passés de l'indicatif ou après le conditionnel.

D. A quel temps du subjonctif met-on le second verbe, quand on veut exprimer un *passé?*

R. On met le second verbe au *passé plusqueparfait du subjonctif.*

DE L'ADVERBE.

Parlez *peu* et réfléchissez *beaucoup*.

RÈGLE. — Les *adverbes* exprimés par un seul mot, comme *peu*, *beaucoup*, sont des *adverbes* SIMPLES.

Je devrais être *tout-à-fait* et *sans cesse* content de vous.

RÈGLE. — Les adverbes formés de plus d'un mot, comme *tout-à-fait*, *sans cesse*, sont des *adverbes* COMPOSÉS.

Il est AUSSI *facile* d'être honnête homme que de le paraître.
Il vaut BIEN *mieux* se taire que parler mal-à-propos.

RÈGLE. — Lorsqu'un adverbe ajoute à la signification d'un adjectif (AUSSI *facile*), ou d'un adverbe (BIEN *mieux*), il se place toujours *avant* cet adjectif ou cet adverbe.

Que de gens prènent *hardiment* le masque de la vertu!

RÈGLE. — Lorsqu'un adverbe ajoute à la signification d'un verbe employé à un temps simple (*prènent*), il se met ordinairement *après* le verbe (*prènent* HARDIMENT).

Que d'hommes *ont* TROP *vécu* d'un jour!

RÈGLE. — Si le verbe est à un temps composé (*ont vécu*), l'adverbe se place ordinairement entre l'auxiliaire et le participe (*ont* TROP *vécu*).

***Plus* on lit les bons livres, *plus* on en sent les beautés.**

RÈGLE. — Les adverbes *si*, *aussi*, *plus*, *moins* et *autant* doivent se répéter quand il y a, dans une même phrase, plusieurs adjectifs ou plusieurs verbes auxquels ils se rapportent (PLUS *on lit*, PLUS *on sent*).

Point de sots *si* incommodes que ceux qui ont de l'esprit.
De *tant* de passion cherchons à nous défendre.

RÈGLE. — *Si* et *aussi* se joignent aux adjectifs et aux adverbes (SI *incommodes*) ; *tant* et *autant* se joignent aux substantifs et aux verbes (TANT *de passion*).

Il a *tant* fatigué, il est *si faible* qu'il ne peut pas sortir.
César était *aussi* éloquent que brave; on l'admirait *autant* qu'on le craignait.

RÈGLE — *Si* et *tant* marquent l'étendue, la qualité (TANT *fatigué*, SI *faible*); *aussi* et *autant* expriment la comparaison. (AUSSI *éloquent que brave; on l'admirait* AUTANT *qu'on le craignait.*).

Un méchant ne sait (*pas*) jamais pardonner.

RÈGLE. — On supprime *pas* et *point* quand la phrase annonce assez clairement une négation. (*Un méchant* NE *sait* JAMAIS *pardonner.*)

(*Voyez le* QUESTIONNAIRE, *p.* 124.)

DE L'ADVERBE.

(Demandez si l'adverbe est SIMPLE *ou* COMPOSÉ.)

Quelquefois on aigrit, *souvent* on déplaît, et *jamais* on ne persuade dans la dispute.

Tout homme est sujet à suivre *aveuglément* son amour-propre.

Les bons élèves travaillent *à qui mieux mieux.*

Il y a *tout au plus* cinq lieues de Paris à Versailles.

Celui qui juge *à la hâte* juge *ordinairement* assez mal.

(Demandez pourquoi l'adverbe est placé le PREMIER.)

On doit être TOUJOURS *prêt* à obliger.

On risque de monter BIEN *haut* lorsqu'on ne sait où l'on va.

Les méchants perdent BIEN *vite* le souvenir des bienfaits qu'ils ont reçus.

(Demandez pourquoi l'adverbe est placé APRÈS *le verbe.)*

Quand on a des défauts, il *vaut* MIEUX s'en *corriger* TARD que ne s'en *corriger* JAMAIS.

On ne *trouve* GUÈRE d'ingrats tant qu'on est en état de faire du bien.

(Demandez pourquoi l'adverbe est placé ENTRE *l'auxiliaire et le participe.)*

Le vrai moyen d'*être* SOUVENT *trompé* est de se croire plus fin que les autres.

Les Japonais sont le seul peuple qui n'*ait* JAMAIS *été* vaincu.

(Dictez les phrases suivantes, et faites rendre compte de chaque règle.)

Autant j'estime l'homme sincère, *autant* je méprise l'homme dissimulé.

Il est *si* gros, *si* gras, *si* lourd, qu'il n'a pas son pareil.

Plus un objet est léger, *plus* il s'élève facilement dans l'air.

Plus l'orgueil est excessif, *plus* l'humiliation est amère.

L'amitié est une chose *si* précieuse, qu'il ne faut pas la prodiguer. (Et non pas : TANT *précieuse.*)

L'âne est de son naturel *aussi* humble, *aussi* patient, *aussi* tranquille que le cheval est fort, ardent, impétueux. (*Comparaison.*)

Cette jeune fille a *tant* de présomption, qu'elle en est ridicule.

Les habitants de la Laponie ne sont pas *aussi* grands que nous.

Les gens riches sont-ils *si* heureux ?

On n'est jamais trompé *si* aisément que lorsqu'on songe à tromper les autres. (Et non pas : AUSSI *aisément.*)

La ville de Soissons est plus grande que la ville de Dieppe ; mais elle n'est pas *aussi* peuplée. (*Comparaison.*)

L'homme vain méprise les talents qu'il n'a pas ; et, s'il n'en a aucun, il les méprise tous. (Et non pas : *s'il n'en a* PAS *aucun.*)

L'honnête homme est celui qui fait tout le bien qu'il peut, et qui ne fait (*pas*) de mal à personne.

DE LA PRÉPOSITION.

Écrivez les injures *sur* le sable, et gravez les bienfaits *sur* le marbre.

RÈGLE. — Les *prépositions* exprimées par un seul mot, comme *sur*, *avec*, *chez*, sont des *prépositions* SIMPLES.

La vertu et le génie marchent *à-travers* les obstacles.

RÈGLE. — Les prépositions formées de plus d'un mot, comme *à-travers*, *vis-à-vis de*, *par-devant*, sont des *prépositions* COMPOSÉES.

On réussit *à force de* persévérance

RÈGLE. — Les différentes parties d'une préposition *composée* forment un tout indivisible. Ainsi, les prépositions composées *à force de*, *au-dessous de*, *à l'exception de*, *sauf à*, etc., doivent être considérées comme des prépositions *simples*.

On trouve les mêmes préjugés *en* Europe, *en* Asie, *en* Afrique et *en* Amérique.

RÈGLE. — Les prépositions *à*, *dans*, *de*, *pour*, *en*, se répètent toujours avant chaque complément (EN *Europe*, EN *Asie*, EN *Afrique*).

Le soldat se précipite *à travers* les dangers et les obstacles.

RÈGLE. — Les autres prépositions se répètent aussi, excepté quand les compléments ont à-peu-près la même signification (*à-travers les* DANGERS *et les* OBSTACLES).

La vertu *sous* le chaume attire nos hommages.

RÈGLE. — Gardez-vous de confondre certains adverbes avec des prépositions, à cause de la ressemblance que ces mots ont entre eux. Les prépositions ont toujours un complément (*sous le* CHAUME).

Prépositions.	Adverbes.
Nager *sous* les eaux.	**Il n'était pas *dessous*.**
Courir *sur* la terre.	**Il était *dessus*.**
Voler *dans* l'air.	**Je le croyais *dedans*.**

Il faut agir *suivant* et *conformément à* la loi.

RÈGLE. — Cette phrase n'est pas correcte, car un substantif ne peut pas être à la fois complément d'une préposition simple (*suivant*) et d'une préposition composée (*conformément à*).

Nous devons *aimer* et porter secours *à* tous les malheureux.

RÈGLE. — Cette phrase n'est pas correcte, car un substantif ne peut pas être à la fois complément d'un verbe (*aimer*) et d'une préposition (*à*). Il fallait dire : *Nous devons aimer tous les malheureux et* LEUR *porter secours.*

(*Voyez le* QUESTIONNAIRE, *p.* 125.)

DE LA PRÉPOSITION.

(*Faites souligner les prépositions* SIMPLES.)

Le ver *à* soie se change *en* papillon.

La nature est *en* deuil *durant* l'hiver.

L'ombre *de* la terre fait l'éclipse *de* la lune.

(*Faites souligner les prépositions* COMPOSÉES.)

Les ignorants croient que le soleil tourne *autour de* la terre.

Il vaut mieux étouffer un bon mot *près de* nous échapper que chagriner qui que ce soit.

La terre est emportée *autour du* soleil avec une grande rapidité.

A-travers les dangers la valeur se fait jour.

L'homme *près* de mourir se montre tel qu'il est.

L'art est toujours grossier *auprès de* la nature.

Au-delà du besoin le reste est superflu.

(*Dictez les phrases suivantes, et faites rendre compte de chaque règle.*)

Il est doux *de* servir sa patrie et *de* contribuer à sa gloire.

Chaque peuple à son tour a brillé sur la terre *par* les lois, *par* les arts et surtout *par* la guerre. (Et non pas : PAR *les lois, les arts, la guerre.*)

Soyez réservés *dans* vos paroles, *dans* vos actions et *dans* vos démarches. (Et non pas : DANS *vos paroles, vos actions et vos démarches.*)

Il faut être indulgent *envers* l'enfance et (*envers*) la faiblesse.

Il ne faut point passer sa vie *dans* la mollesse et (*dans*) l'oisiveté.

Le soleil ne doit jamais se coucher *sur* notre colère (et non pas *dessus.*)

Il faut rire *avant* d'être heureux, de peur de mourir *avant* d'avoir ri.

Les planètes sont des corps opaques qui tournent *autour du* soleil.

Parmi les animaux, il y en a qui vivent *sur* la terre, d'autres *dans* l'air, d'autres *sous* les eaux. (Et non pas : DESSUS *la terre*, DEDANS *l'air, etc.*)

Beaucoup d'oiseaux se tiennent *sur* les arbres : un petit nombre seulement *sur* la terre.

Je ne vous ai pas dit de mettre ce livre *sous* la table : je vous ai dit de le mettre *dessus.*

On ne peut parler en même temps *contre* quelqu'un et *en sa faveur.* (Et non pas : On ne peut parler en même temps *contre* et *en faveur de* quelqu'un.)

Il faut aimer ses devoirs et *y* tenir. (Et non pas : Il faut *aimer* et *tenir à* ses devoirs.)

Il est beau de vaincre ses ennemis et de *leur* pardonner. (Et non pas : Il est beau de *vaincre* et de *pardonner à* ses ennemis.)

On doit aimer ses parents et *leur* obéir. (Et non pas : On doit *aimer* et *obéir à* ses parents.)

DE LA CONJONCTION.

Rien n'est constant dans le monde, *ni* les fortunes les plus florissantes, *ni* les amitiés les plus vives, *ni* les réputations les plus brillantes, *ni* les faveurs les plus enviées.

RÈGLE. — Les conjonctions *et*, *ni*, *ou*, *si*, *soit*, *que*, etc., se répètent avant les mots ou les propositions qu'elles servent à lier. (NI *les fortunes*, NI *les amitiés*, etc.)

Si vous jouez sans cesse, et *que* vous perdiez ainsi votre temps, vous vous en repentirez bientôt.

RÈGLE. — Au lieu de répéter certaines conjonctions, on met *que* à la place. Cette conjonction, employée de la sorte au lieu de *si*, régit le subjonctif. (*Et* QUE *vous perdiez.*)

L'union soutient les familles, *et* fait la force des états.

RÈGLE. — Employez la préposition *et* lorsque la première proposition est affirmative.

Les oiseaux ne sèment *ni* ne moissonnent.

RÈGLE. — Employez la conjonction *ni* lorsque la première proposition est négative.

On est heureux — *quand* on n'a rien à se reprocher.

RÈGLE. — Lorsque deux propositions sont unies par une conjonction, la proposition la plus courte doit marcher la première. Ne dites donc pas : *Quand on n'a rien à se reprocher, — on est heureux.*

Napoléon *empereur* ET *roi*.
On doit *aimer* ET *respecter* ses parents.

RÈGLE. — Les mots unis par une conjonction doivent toujours être de la même espèce. *Empereur, roi* sont des SUBSTANTIFS ; *aimer, respecter* sont des verbes. Ne dites donc point : *Napoléon* EMPEREUR *et* BRAVE, parceque *empereur* (subst.) et *brave* (adj.) ne sont pas de la même espèce. Ne dites pas non plus : *Il aimait la* JUSTICE *et à* COMBATTRE, parceque *justice* (subst.) et *combattre* (verbe) ne sont pas de la même espèce.

***Moins* un bon père est craint, *plus* il est adoré.**

RÈGLE. — Lorsque deux propositions commencent par un adverbe de comparaison (*plus, moins*), ces propositions ne doivent pas être liées par une conjonction. Ainsi, on ne parlerait pas correctement si l'on disait : *Moins un bon père est craint*, ET *plus il est adoré*, car il ne s'agit pas d'unir les deux propositions, mais bien de marquer le rapport qui existe entre elles.

(*Voyez le* QUESTIONNAIRE, *p.* 126.)

DE LA CONJONCTION.

(Dictez les phrases suivantes, et faites rendre compte de chaque règle.)

Il y a des gens qui croient *que*, *quand* il fait jour, il ne fera jamais nuit, et *que*, *quand* ils sont riches, ils ne seront jamais pauvres.

Il ne faut être *ni* avare *ni* prodigue : il faut se renfermer dans les bornes d'une sage économie.

Dieu n'a besoin *ni* de nos prières *ni* de nos offrandes ; mais nous avons besoin de le prier et de lui offrir notre amour.

Si vous êtes fatigué, et *que* vous vouliez (pour *et* SI *vous voulez*) vous délasser, allez prendre un bain.

Si vous avez des amis, et *que* vous desiriez (pour *et* SI *vous desirez*) les conserver, prouvez-leur votre estime.

Quand on est riche et *qu'on* est (pour *et* QUAND *on est*) généreux, on ne manque pas d'amis.

La vérité blesse *et* irrite ceux qu'elle ne détrompe pas.

L'homme d'esprit sait le prix des richesses, *et* le riche ignore le prix des lumières.

Choisis pour ton ami l'homme que tu connais le plus vertueux : ne résiste pas à la douceur de ses conseils *ni* à la force de son exemple.

Dites : Les vieillards aiment la *solitude et* la *contemplation.*
Ne dites pas : Aiment la solitude et *à se livrer à* la contemplation.

Dites : Cet enfant n'aime que le *jeu* et le *sommeil.*
Ne dites pas : N'aime que le *jeu* et *à dormir*.

Dites : Aimez à *travailler* et à *contenter* vos maîtres.
Ne dites pas : Aimez le *travail* et *à contenter* vos maîtres.

Dites : Le soldat recherche les *dangers* et la *gloire.*
Ne dites pas : Recherche les *dangers* et *à se couvrir* de gloire.

Dites : Bélisaire fut réduit à *s'exiler* et à *mendier* (verbes).
Ou bien : . . . . à l'*exil* et à la *mendicité* (substantifs).
Et non pas : . . . . à l'*exil* et à *mendier*.
Ou . . . . à *s'exiler* et à la *mendicité*.

Moins les hommes sont civilisés, plus il est aisé de les tromper.

Plus il y a d'hommes laborieux dans un pays, plus ils jouissent de l'abondance (et non pas ET *plus*).

Plus nous nous appliquerons à connaître les merveilles de la nature, plus nous admirerons sa puissance.

Moins on mérite de souffrir, plus on se tait quand on souffre.

Plus on est honnête, plus on a de peine à croire que les autres ne le sont pas.

Plus l'orgueil est excessif, plus l'humiliation est amère.

DE L'ADVERBE.

Demande. Qu'appèle-t-on ***adverbes*** SIMPLES?

Réponse. Ce sont les adverbes exprimés par un ***seul*** mot, comme ***peu***, ***beaucoup***.

D. Qu'appèle-t-on ***adverbes*** COMPOSÉS?

R. Ce sont les adverbes formés de ***plus d'un mot***, comme ***tout-à-fait***, ***sans cesse***.

D. Où se place l'adverbe ajouté à un ***adjectif*** ou à un autre ***adverbe***?

R. Toujours ***avant*** cet adjectif ou cet adverbe, comme AUSSI ***facile***, BIEN ***mieux***.

D. Où se place l'adverbe ajouté à un ***verbe***?

R. ***Après*** le verbe, si ce verbe est à un temps ***simple***.

D. Où se place l'adverbe lorsque le verbe est à un temps ***composé***?

R. L'adverbe se place alors entre l'auxiliaire et le participe. (***Ils ont*** TROP *vécu*.)

D. Quels sont les adverbes qui doivent se répéter quand il y a, dans une même phrase, plusieurs adjectifs ou plusieurs verbes auxquels ils se rapportent?

R. Ce sont les adverbes ***si***, ***aussi***, ***plus***, ***moins*** et ***autant***. (PLUS *on lit*, PLUS *on sent*.)

D. Comment emploie-t-on ***si*** et ***aussi***, ***tant*** et ***autant***?

R. ***Si*** et ***aussi*** se joignent aux adjectifs et aux adverbes (***si*** incommodes) : ***tant*** et ***autant*** se joignent aux substantifs et aux verbes (TANT ***de passion***).

D. Emploie-t-on ***si*** et ***aussi*** l'un pour l'autre, ***tant*** et ***autant*** l'un pour l'autre?

R. Non. ***Si*** et ***tant*** marquent l'étendue, la quantité (TANT ***fatigué***, si ***faible***); ***aussi*** et ***autant*** expriment la comparaison (AUSSI ***éloquent que brave; on l'admirait*** AUTANT ***qu'on le craignait.***)

D. N'y a-t-il pas des circonstances où l'on doit supprimer les adverbes ***pas*** et ***point***?

R. Oui : c'est lorsque d'autres mots de la phrase annoncent assez clairement une négation, comme : ***Un méchant ne sait jamais pardonner.***

DE LA PRÉPOSITION.

Demande. Qu'appèle-t-on ***prépositions*** SIMPLES?
Réponse. Ce sont les prépositions exprimées par un ***seul*** mot, comme ***sur***, ***avec***, ***chez***.

D. Qu'appèle-t-on ***prépositions*** COMPOSÉES?
R. Ce sont les prépositions formées de ***plus d'un mot***, comme ***à travers***, ***vis-à-vis***, ***par devant***.

D. Chaque mot d'une préposition *composée* est-il lui-même une préposition?
R. Non : les différentes parties d'une préposition *composée* forment un tout indivisible.

D. Quelles sont les prépositions qui doivent toujours se répéter avant chaque complément?
R. Les prépositions ***à***, ***dans***, ***pour***, ***en***.

D. Les autres prépositions ne se répètent-elles pas aussi?
R. Oui, excepté quand les compléments ont à-peu-près la même signification, comme A TRAVERS *les* DANGERS *et les* OBSTACLES.

D. N'y a-t-il pas des adverbes et des prépositions que l'on pourrait confondre à cause de la ressemblance que ces mots ont entre eux?
R. Oui; ainsi ***sous***, ***sur***, ***dans***, ***hors*** sont des prépositions;
dessous, ***dessus***, ***dedans***, ***dehors***, sont des adverbes.

D. Comment distingue-t-on une préposition d'un adverbe?
R. La préposition a toujours un complément (sous *le chaume*); l'adverbe n'en a pas.

D. Pourquoi cette phrase ***Il faut agir*** SUIVANT ***et*** CONFORMÉMENT A ***la loi*** n'est-elle pas correcte?
R. Parcequ'un substantif ne peut être à-la-fois complément d'une préposition simple (***suivant***) et d'une préposition composée (***conformément à***).

D. Pourquoi cette phrase ***Nous devons*** AIMER ***et porter secours*** A ***tous les malheureux*** n'est-elle pas correcte?
R. Parcequ'un substantif ne peut pas être à-la-fois complément d'un verbe (*aimer*) et d'une préposition (*à*).

DE LA CONJONCTION.

Demande. Quelles sont les conjonctions qui doivent toujours se répéter avant les mots ou les prépositions qu'elles servent à lier?

Réponse. Les conjonctions *et*, *ni*, *ou*, *soit*, *que*, etc., comme : *Rien n'est constant*, NI *la fortune*, NI *l'amitié*, NI *la réputation*, etc.

D. Quand certaines conjonctions ne se répètent pas, que met-on à la place?

R. Au lieu de répéter certaines conjonctions, on met *que* à la place, comme dans *Si vous jouez*, *et* QUE... (*que* pour *si*).

D. Quand faut-il employer *et* pour unir deux propositions?

R. Lorsque la première proposition est affirmative, comme : *L'union soutient les familles* ET *fait la force des états.*

D. Quand faut-il employer *ni* pour unir deux propositions?

R. Lorsque la première proposition est négative, comme : *Les oiseaux* NE *sèment* NI *ne récoltent.*

D. Quand deux propositions sont unies par une conjonction, quelle est celle qui doit marcher la première?

R. La proposition la plus courte.

D. Pourquoi ne peut-on pas dire *Napoléon empereur et brave*, ni *Il aimait la justice et à combattre?*

R. Parceque les mots liés par une conjonction doivent toujours être de la même espèce. Ainsi, on dira bien *Napoléon*, EMPEREUR *et* ROI, parceque *empereur* et *roi* sont des substantifs; on dira bien encore *On doit* AIMER *et* RESPECTER *ses parents*, parceque *aimer* et *respecter* sont des verbes.

D. Pourquoi faut-il dire : *Moins un bon père est craint*, *plus il est adoré*, et non pas : *Moins un bon père est craint*, ET *plus il est adoré?*

R. Parcequ'il ne s'agit pas d'unir les deux propositions, mais bien de marquer le rapport qu'elles ont entre elles.

LOCUTIONS VICIEUSES. (MOTS VARIABLES.)

Ne dites pas :	**Mais dites :**
Elle a *abîmé* sa robe.	Elle a *sali* sa robe.
Il a des souliers A*culés*.	Il a des souliers É*culés*.
A *nos âges* on n'étudie plus.	A *notre âge* (Chacun a son âge.)
Il m'a *agonisé* de sottises.	Il m'a *accablé* de sottises.
L'*égledon* est un duvet très fin.	L'*édredon* est un duvet très fin.
C'est un lieu bien *airé*.	C'est un lieu bien *a*É*ré*.
A*jamber* un ruisseau.	EN*jamber* un ruisseau.
Il faut A*largir* ce corset.	Il faut É*largir* ce corset.
Voilà un bel *ango*LA.	Voilà un bel *ango*RA.
Un bout de fil d'*ar*É*chal*.	Un bout de fil d'*archal* (fil de fer).
Assis-toi.	*Assieds-toi.*
Si tu *t'avises* de sortir, tu seras pris.	Si tu *oses* sortir, tu seras pris.
Il faut *balier*.	Il faut *bal*AY*er*.
Des *bamboches* et un *ca*N*çon*.	Des *pantoufles* et un *ca*LE*çon*.
Il *bègue*.	Il *bégaie*.
Le vin est fait pour *boire*.	Le vin est fait pour *être bu*.
Il a *bosselé* ce chandelier.	Il a *bossué* ce chandelier.
Il *brouillasse*.	Il *bruine*.
J'ai mis de la *ca*STO*nade* dans la *ca*STRO*le*.	J'ai mis de la *ca*SS*onade* dans la *ca*SSE*role*.
Le verre est *casuel*.	Le verre est *cassant*, *fragile*.
Il a une voix de *centaure*.	Il a une voix de *Stentor*.
Changez-vous.	*Changez de vêtements.*
Voilà un *sirurgien* d'une belle *corporence*.	Voilà un CH*irurgien* d'une *belle corpulence*.
Promenez-vous dans le *co*L*idor*.	Promenez-vous dans le *co*RR*idor*.
Je vais *colorer* cette image.	Je vais *colorier* cette image.
C'est une affaire *conséquente*.	C'est une affaire *importante*.
Il *est bien corporé*.	Il *a de la corpulence*.
Il est *dangereux* que cette muraille croule.	Il est *à craindre* que cette muraille croule.
Il ne *décesse* de parler.	Il ne *cesse* de parler.
J'ai déjeûné et dîné *avec* du pâté.	J'ai déjeûné et dîné *de* pâté.
Je me suis EN *allé*.	Je *m'*EN *suis allé*.
J'ai une EN*flammation*, *un*E *ér*É*sipèle*, une *esqui*L*ancie*, une *plurésie* et les *fièvres* tout-à-la-fois.	J'ai une IN*flammation*, *un ér*Y*sipèle*, une *esqui*N*ancie*, une *pl*EU*résie*, et la *fièvre* tout-à-la-fois.
Il est EF*fatué* de sa personne.	Il est IN*fatué* de sa personne.
C'est un danger É*minent*.	C'est un danger IM*minent*.
Descendez vite *les escaliers*.	Descendez vite *l'escalier*.
Il *a fait* une longue maladie.	Il *a eu* une longue maladie.
Il *fait* de la rosée.	Il *tombe* de la rosée.
Il *a été fait* mourir.	*On l'a fait* mourir.
Cet homme est *farce*.	Cet homme est *farceur*.
Il m'a *fixé* longtemps.	Il m'a *regardé* longtemps.
Cet homme est *fortuné*.	Cet homme est *riche*.
Le GAU*dron* est une espèce de poix.	Le COU*dron* est une espèce de poix.
J'ai mangé le *gisier* d'*un dinde*.	J'ai mangé le *gésier* d'*une* dinde.
J'ai *décommandé* le dîner.	J'ai *contremandé* le dîner.

(*Voyez le* QUESTIONNAIRE, *p.* 129.)

LOCUTIONS VICIEUSES. (MOTS VARIABLES.)

Ne dites pas :	**Mais dites :**
J'ai une hémorragie *de sang.*	J'ai une *hémorragie.*
Imaginez-*vous* que.	*Imaginez* que.
Il est dans une place IM*minente.* . .	Il est dans une place É*minente.*
La majesté et la gloire EN *imposent.*	La majesté et la gloire *imposent.*
Il ne faut *invectiver* personne. . . .	Il ne faut *invectiver contre* personne.
Il *jouit* d'une mauvaise santé. . . .	Il *a* une mauvaise santé.
Il y a un *jeu* d'eau dans le jardin. .	Il y a un *jet* d'eau dans le jardin.
Je *leur* suis parent.	Je suis *leur* parent.
Je *me suis laissé dire.*	*On m'a dit.*
Je *lui* en défie.	Je *l'*en défie.
J'ai eu vingt personnes à *manger.* .	J'ai eu vingt personnes à *dîner.*
Il est d'une humeur *massacrante.* .	Il est d'une humeur *insupportable.*
C'est un homme bien *membré.* . . .	C'est un homme bien *membru.*
Il a un air *minable* et *rébarba*RA*tif.*	Il a un air *misérable* et *rébarbatif.*
Il *morig*I*ne* ses enfants.	Il *morig*È*ne* ses enfants.
Aimez-vous les N*entilles*, la *rém*OU*lade* et la *semou*IL*le?*	Aimez-vous les L*entilles*, la *rémolade* et la *semoule?*
Je vous *observe* que.	Je vous *fais observer* que.
Quel O*ragan* il a fait sur *les* minuit!	Quel OU*ragan* il a fait vers minuit!
Est-il *ostiné!*	Est-il OB*stiné!*
Le *palfermier* a reçu une *rincée.* .	Le *palefrenier* a reçu *bien des coups.*
Je ne comprends pas la *pantomi*NE.	Je ne comprends pas la *pantomi*ME.
Cette rue est très *passagère.*	Cette rue est très *fréquentée.*
Cette personne est *bien portante.* .	Cette personne *se porte bien.*
J'irai le voir *vers* LES *midi précis*ES.	J'irai le voir à *midi précis.*
*Qu'*avez-vous à vous plaindre? . . .	*De quoi* avez-vous à vous plaindre?
Je ne me rappèle pas *de* son nom. .	Je ne me rappèle pas *son* nom.
Il a *recouvert* la vue, la santé. . . .	Il a *recouvré* la vue, la santé.
Il a *rempli* son but.	Il a *atteint* son but.
Rétablir le *désordre.*	Rétablir *l'ordre.*
Il a pris sa *revan*GE.	Il a pris sa *revan*CHE.
Elle a l'air d'une sainte-MI*touche.* .	Elle a l'air d'une sainte-N*itouche.*
Tu *sais* bien un tel?	Tu *connais* bien un tel?
On ne croit plus aux *sor*C*iléges.* . .	On ne croit plus aux *sor*T*iléges.*
Il est *susceptible* de faire cela. . . .	Il est *capable* de faire cela.
Je *suis été* malade.	*J'ai été* malade.
Tâchez que je sois satisfait.	*Faites en sorte que* je sois satisfait.
Tel qu'il soit, cela m'est égal. . . .	*Quel* qu'il soit, cela m'est égal.
J'ai acheté trois *têtes* d'oreiller. . . .	J'ai acheté trois *taies* d'oreiller.
Voici une étoffe bien *tissée.*	Voici une étoffe bien *tissue.*
Les fruits tombent *par* terre.	Les fruits tombent *à* terre.
Un arbre tombe *à* terre.	Un arbre tombe *par* terre.
Je vous le dis une fois pour *tout.* . .	Je vous le dis une fois pour *toutes.*
Faites le *tr*AY*age* des lettres.	Faites le *triage* (ou le *tri*) des lettres.
Tu es un vilain *trichard.*	Tu es un vilain *tricheur.*
Un insecte est *vénéneux.*	Un insecte est *venimeux.*
Une plante est *venimeuse.*	Une plante est *vénéneuse.*
Comment *vous va?*	Comment *vous portez-vous?*
Voyez *voir.*	*Voyez, regardez.*

(*Voyez le* QUESTIONNAIRE, *p.* 129.)

LOCUTIONS VICIEUSES. (MOTS VARIABLES.)

Demande. Doit-on dire : *à nos âges* on n'étudie plus ?
Réponse. Non. Il faut dire : *à notre âge.*
D. Doit-on dire : elle a *abîmé* sa robe ?
R. Non. Il faut dire : elle a *sali.*
D. Doit-on dire : *l'aigledon* est un duvet très fin ?
R. Non. On doit dire : *l'édredon.*
D. Doit-on dire : c'est un lieu bien *airé ?*
R. Non. Il faut dire : *aéré.*
D. Doit-on dire : Il faut *alargir* ce corset ?
R. Non. Il faut dire : *élargir.*
D. Doit-on dire : la majesté et la gloire EN *imposent ?*
R. Non. Il faut dire : *imposent.*
D. Doit-on dire : je *leur* suis parent ?
R. Non. Il faut dire : je suis *leur* parent.
D. Doit-on dire : je *lui* en défie ?
R. Non. Il faut dire : je *l'*en défie.
D. Doit-on dire : Il est d'une humeur *massacrante ?*
R. Non. Il faut dire : *insupportable.*

(Et ainsi de suite. Il est bien entendu que le maître ne suit aucun ordre en questionnant.)

(Dictez les FAUTES : *l'élève devra écrire les phrases correctement.)*

LE M. Le verre est *casuel.*
L'ÉL. Le verre est *cassant*, *fragile.*
M. Il a une voix de *centaure.*
EL. Il a une voix de *Stentor.*
M. Voilà un *sirugien* d'une belle *corporence.*
EL. Voilà un *chirurgien* d'une belle *corpulence.*
M. Je vais *colorer* cette image.
EL. Je vais *colorier* cette image.
M. J' i *décommandé* le dîner.
EL. J'ai *contremandé* le dîner.
M. Je me *suis en allé.*
EL. Je m'*en suis allé.*
M. Cette rue est bien *passagère.*
EL. Cette rue est bien *fréquentée.*
M. Je ne comprends pas la *pantomi* NE.
EL. Je ne comprends pas la *pantomi* ME.
M. Il a *rempli* son but.
EL. Il a *atteint* son but.
M. Il a pris sa *revan* GE.
EL. Il a pris sa *revan* CHE.
M. Les fruits tombent *par* terre.
EL. Les fruits tombent *à* terre.

(Et ainsi de suite. Il est bien entendu que le maître ne suit aucun ordre en dictant.)

LOCUTIONS VICIEUSES. (MOTS INVARIABLES.)

Ne dites pas :	**Mais dites :**
J'ai plusieurs endroits *à aller*. . . .	Je *dois aller* dans plusieurs endroits.
Venir *à* bonne heure.	Venir *de* bonne heure.
La maison *à* mon père.	La maison *de* mon père.
On fait *à* savoir.	On fait *savoir*.
La clé est *après* la porte.	La clé est *à* la porte.
On demande *après* vous.	On *vous* demande.
Aussitôt son départ.	Aussitôt *après* son départ.
Cinq *à* six heures.	Cinq *ou* six heures.
On a pris cinq *à* six cents hommes. . .	On a pris cinq *ou* six cents hommes.
Au jour d'aujourd'hui.	*Aujourd'hui.*
C'est à vous *à qui* je parle.	C'est à vous *que* je parle.
Cela est supérieurement *bien* fait. . .	Cela est *supérieurement* fait.
Vous êtes aussi grand *comme* moi. .	Vous êtes aussi grand *que* moi.
Heureux *comme tout*.	Heureux *autant qu'on peut l'être.*
Il est sans *contred*IRE le plus sage. .	Il est sans *contredi*T le plus sage.
Il a des souliers *dans ses* pieds. . .	Il a des souliers *aux* pieds.
Il a *davantage* de bien *que* d'esprit.	Il a *plus* de bien *que* d'esprit.
Il croit *de* bien faire.	Il croit *bien* faire.
Comme *de* juste.	Comme *il est* juste.
C'est de vous *de qui* je parle.	C'est de vous *que* je parle.
Ainsi *donc*, vous avez tort.	*Ainsi*, vous avez tort.
Bien *du* contraire.	Bien *au* contraire.
Il va en *E*rrière.	Il va en *A*rrière.
En cas que vous ne réussissiez pas. .	*Au* cas que.
En outre *de* cela.	*Outre* cela.
Il va dîner, et *puis* ensuite il partira.	Il va dîner, *ensuite* il partira.
A fur et à mesure que.	*A mesure* que.
Hier *soir*, hier *matin*.	Hier *au* soir, hier *au* matin.
Il fut forcé *malgré lui* de partir. . .	Il fut *forcé* de partir.
Il est parti *malgré* la pluie.	Il est parti *nonobstant* la pluie.
Or donc, j'ai raison.	*Donc*, j'ai raison.
C'est là *où* je demeure.	C'est là *que* je demeure.
Ousque vous avez été?	*Où* avez-vous été?
Arracher brin *par* brin.	Arracher brin *à* brin.
Je n'en ai *pas* guère.	Je n'en ai *guère*.
Fermez *un peu* la porte.	*Fermez* la porte.
Tant *pi*R*e*.	Tant *pis*.
J'y serai *quand et vous*.	J'y serai *en même temps que vous.*
Combien *que* tu en as?	Combien en *as-tu?*
Quoique ça.	*Malgré* cela.
A la rebours.	*Au* rebours.
Il est si *tellement* bon.	Il est *si* bon.
J'en ai *suffis*ANT.	J'en ai *suffis*AMMENT.
Obéissez *de suite*.	Obéissez *tout de suite*.
Je l'ai lu *sur* le journal.	Je l'ai lu *dans* le journal.
Tant qu'à moi.	*Quant* à moi.
J'irai *tout de même*.	J'irai *néanmoins*.
Ingrat *vis-à-vis* de ses parents. . .	Ingrat *envers* ses parents.

(*Voyez le* QUESTIONNAIRE, *p.* 131.)

LOCUTIONS VICIEUSES. (MOTS INVARIABLES.)

Demande. Doit-on dire : venir *à* bonne heure?
Réponse. Non. Il faut dire : *de* bonne heure.
D. Doit-on dire : on demande *après* vous?
R. Non. Il faut dire : on *vous* demande.
D. Doit-on dire cinq *à* six heures?
R. Non. Il faut dire : cinq *ou* six heures, ou bien : *de* cinq *à* six heures.
D. Doit-on dire : la maison *à* mon père?
R. Non. Il faut dire : *de* mon père.
D. Doit-on dire : c'est à vous *à qui* je parle?
R. Non. Il faut dire : c'est à vous *que* je parle, ou bien : c'est vous *à qui* je parle.
D. Doit-on dire : *aussitôt* son départ?
R. Non. Il faut dire : aussitôt *après* son départ.
D. Doit-on dire : vous êtes aussi grand *comme* moi?
R. Non. Il faut dire : aussi grand *que* moi.
D. Doit-on dire : il va en ERRIÈRE.
R. Non. Il faut dire : en ARRIÈRE.

(*Et ainsi de suite. Il est bien entendu que le maître ne suit aucun ordre en questionnant.*)

(*Dictez les* FAUTES : *l'élève devra écrire les phrases correctement.*)

LE M. En cas que vous ne réussissiez pas.
L'EL. Au cas que vous ne réussissiez pas.
M. Ousque vous avez été?
EL. Où avez-vous été?
M. Arracher brin *par* brin.
EL. Arracher brin *à* brin.
M. C'est là *où* je demeure.
EL. C'est là *que* je demeure.
M. J'en ai *suffisant.*
EL. J'en ai *suffisamment.*
M. A la rebours.
EL. Au rebours.
M. Je n'en ai *pas guère.*
EL. Je n'en ai *guère.*
M. Quoique ça.
EL. Malgré cela.
M. Combien *que* tu en as?
EL. Combien *en* as-tu?
M. En outre de cela.
EL. Outre cela.
M. J'ai lu *sur* le journal.
EL. J'ai lu *dans* le journal.
M. Tant qu'à moi.
EL. Quant à moi.

(*Et ainsi de suite. Il est bien entendu que le maître ne suit aucun ordre en dictant.*)

PONCTUATION.

RÈGLE. — La *Ponctuation* sert à indiquer par des *signes* les repos de la voix quand on lit, comme aussi elle sert à distinguer les parties d'une même phrase et les phrases entre elles.

§ 1. DE LA VIRGULE.

RÈGLE. — La *virgule* (,) indique le plus petit des repos. Elle a différents usages :

1° Elle s'emploie pour séparer les sujets d'un même verbe :

La modestie, la bonne foi, la douceur sont des vertus.

2° Elle s'emploie aussi pour séparer les compléments d'un même verbe :

Fuyez l'oisiveté, l'orgueil, le mensonge, la colère.

3° Elle sert encore à séparer les qualificatifs d'un même substantif :

Soyez modestes, laborieux, bienfesants, véridiques.

4° La virgule sert enfin à séparer plusieurs verbes qui ont le même sujet :

Le travail profite, instruit, récrée tout-à-la-fois.

L'intempérance trouble la raison, abrutit l'esprit, détourne l'ouvrier de son travail, provoque des querelles.

RÈGLE. — La virgule sépare les diverses propositions d'une phrase, lorsque ces propositions ne renferment elles-mêmes aucun signe de ponctuation.

La vie, a dit un sage, doit être la méditation de la mort.

RÈGLE. — On met entre deux virgules toute proposition particulière que l'on peut retrancher de la phrase sans en altérer le sens (*a dit un sage*).

Sois prudent *et* diligent dans tout ce que tu fais.

RÈGLE. — N'employez pas la virgule entre deux parties semblables (deux substantifs, deux verbes, deux adjectifs) d'une même proposition, quand ces deux parties sont unies par une des conjonctions *et*, *ou*, *ni*, *soit*, parcequ'il ne faut pas que la virgule sépare ce que la conjonction doit unir (*prompt* ET *diligent*).

(*Voyez le* QUESTIONNAIRE, *p.* 142.)

PONCTUATION.

(*Faites ponctuer les phrases suivantes, et faites rendre compte de la ponctuation.*)

§ 1. DE LA VIRGULE.

L'Europe, l'Asie, l'Afrique, l'Amérique et l'Océanie sont les cinq parties du monde. (*Sujets d'un même verbe.*)

Le cheval, l'âne, l'éléphant, le chameau, le taureau sont des quadrupèdes.

Le serin, le rossignol, le moineau, l'hirondelle font leur nid au commencement du printemps.

Il faut régler ses goûts, ses travaux, ses plaisirs. (*Compléments.*)

Si nous pénétrons dans l'intérieur des terres, nous y trouvons des métaux, des minéraux, des pierres, du sable et de l'eau.

Le chien est fidèle, vigilant, courageux. (*Qualificatifs.*)

Le cheval est vif, fougueux, impatient.

Le moineau est hardi, incommode, destructeur.

L'attelage suait, soufflait, était rendu. (*Plusieurs verbes.*)

Le fourbe promet, se dédie, trompe.

L'espion sait, voit, entend tout.

Le sort fait les parents, le choix fait les amis. (*Plusieurs propositions.*)

Le fruit jaunit, le blé mûrit, la plante se fane.

Le loup hurle, le renard glapit, le paon braille.

Le chien attend les ordres de son maître pour faire usage de sa force: il le consulte, il l'interroge, il le supplie.

Les passions, qui sont les maladies de l'âme, ne viènent que de notre révolte contre la raison. (*Propositions incidentes.*)

Le temps, qui fuit sur nos plaisirs, semble s'arrêter sur nos peines.

Sois juste *et* bon.

Le fer *et* le cuivre sont des minéraux.

Le chêne *et* le peuplier sont des végétaux.

Je n'aime *ni* les enfants bavards *ni* les enfants paresseux.

L'imagination *et* le jugement ne sont pas toujours d'accord.

La fortune donne ordinairement de la fierté aux gens d'un petit esprit *ou* d'une sotte éducation.

La vérité blesse *et* irrite ceux qu'elle ne détrompe pas.

§ 2. DU POINT-VIRGULE.

RÈGLE. — Le *point-virgule* (;) marque une pause plus forte que la virgule.

L'architecture, comme tous les arts, a pris naissance en Asie; mais c'est en Grèce qu'elle s'est perfectionnée.

RÈGLE. — Le *point virgule* se met entre deux propositions dont la seconde dépend de la première (*a pris naissance en Asie; mais c'est en Grèce.....*).

Il avait plus de connaissances que les enfants de son âge : il commençait à parler plusieurs langues; il cultivait avec succès la musique et le dessin; mais une excessive présomption ternissait ses talents.

RÈGLE. — Le *point-virgule* sépare différents membres d'une phrase, lorsqu'ils expriment, chacun, un sens complet, et qu'ils n'appartiènent qu'indirectement au sens total de la phrase.

Faire mal ce que l'on fait ennuie et dégoûte; le faire bien amuse, intéresse; le faire mieux est un plaisir toujours nouveau.

RÈGLE. — Lorsque les membres d'une phrase sont subdivisés par des virgules, on sépare chaque proposition par un *point-virgule* (*le faire bien amuse*, *intéresse*).

§ 3. DES DEUX-POINTS.

RÈGLE. — Les *deux-points* (:) marquent un repos encore plus considérable que le *point-virgule*.

Vous serez riches peut-être : n'oubliez pas alors que le plus noble emploi des richesses est de soulager les malheureux qui souffrent.

RÈGLE. — On met les *deux-points* avant une proposition qui développe la proposition précédente. (*Vous serez riches peut-être : n'oubliez pas alors......*)

RÈGLE. — Les *deux-points* servent encore dans d'autres circonstances.

1° Avant une énumération :

Il aurait eu tout ce qui lui a manqué : réflexion, prévoyance, etc.

2° Avant une démonstration :

Cette observation est fondée : en effet.....

3° Avant un discours ou une citation :

Un auteur a dit : « Mon ami est un autre moi-même. »

4° Enfin, avant une récapitulation, un résumé :

L'exercice, la sobriété, la gaité : voilà trois médecins qui ne se trompent jamais

(*Voyez le* QUESTIONNAIRE, *p.* 143.)

§ 2. DU POINT-VIRGULE.

(Faites ponctuer les phrases suivantes, et faites rendre compte de la ponctuation.)

Ce n'est pas toujours inutilement qu'on parle science devant les ignorants; car ils peuvent profiter de ce qu'on dit.

Le grand Condé battit les Espagnols en plusieurs endroits; par exemple: à Rocroi, à Nortlingue et à Fribourg.

On recherche les richesses; néanmoins on voit bien peu de riches heureux.

Soyez ici des lois l'interprète suprême;
Rendez leur ministère aussi saint que vous-même;
Enseignez la raison, la justice et la paix.

Il faut se représenter que l'éléphant ébranle la terre; qu'avec sa trompe il arrache les arbres; que, d'un coup de son corps, il fait brèche à un mur.

On distingue diverses sortes de styles :
Le style *uni*, où l'on ne voit ni expressions ni pensées remarquables;
Le style *facile*, qui ne sent point le travail;
Le style *naturel*, qui n'est ni recherché ni forcé;
Le style *rapide*, qui attache et qui entraîne.

§ 3. DES DEUX-POINTS.

Il faut, autant qu'on peut, obliger tout le monde : on a souvent besoin d'un plus petit que soi.

Un avare est un malade qui meurt étouffé dans son sang : un prodigue est un autre malade qui meurt à force de saignées.

Les bêtes ne demandent qu'à satisfaire leur appétit. L'homme a des besoins plus nobles : il contemple, il écoute, il s'instruit avec délices, et son âme s'alimente sans cesse par l'exercice de la pensée.

Tout plaît dans cet écrivain : le choix des expressions, la finesse des remarques, la justesse des pensées.

Aujourd'hui rien de tout cela : le peuple souffre; il est surchargé d'impôts; il travaille pour les oisifs.

Aussitôt que le kan des Tartares a dîné, un héros crie : « Tous les princes de la terre peuvent aller prendre leur repas. »

Ceux-là seuls sont des révolutionnaires qui, pour ressaisir une autorité perdue et des préjugés odieux, provoquent à la révolte, appèlent les citoyens à la guerre, et leur disent de s'armer, comme leurs pères, pour l'autel et le trône : voilà ceux qui veulent des révolutions.

§ 4. DU POINT.

RÈGLE. — Le *point* (.) indique la plus forte de toutes les pauses.

Mieux on connaît sa profession, moins on s'en plaint.

RÈGLE. — Le *point simple* se met à la fin de toutes les phrases complètes.

Qu'y a-t-il de rare? Un véritable ami.

RÈGLE. — Le *point interrogatif* (?) se met à la fin de toute proposition interrogative. (*Qu'y a-t-il de plus rare?*)

On demanda si l'accusé était coupable.

1re OBSERVATION. Il ne faut pas de *point interrogatif* après cette phrase, parce qu'on ne fait pas de question : on dit seulement qu'une question a été faite (*on demanda si.....*).

Un précepte est aride, il le faut embellir.

2e OBSERVATION. Il n'y a pas d'interrogation dans cette phrase. C'est comme si l'on disait : QUAND *un précepte*, SI *un précepte est aride.....*

O mon fils! ô ma joie! ô l'espoir de mes jours!

RÈGLE. — Le *point exclamatif* (!) se met à la fin d'une exclamation. (*O mon fils! ô ma joie!*)

Si je ne me retenais, je... mais j'ai pitié de toi.

RÈGLE. — Les *points suspensifs* (. . . .) indiquent une interruption dans le discours. (*Si je ne me retenais, je....*)

AUTRES SIGNES ORTHOGRAPHIQUES.

Je croyais, moi, (jugez de ma simplicité !)
Que l'on devait rougir de la duplicité.

RÈGLE. — Les *parenthèses* ( ) renferment quelques mots dont le sens est, pour ainsi dire, étranger à celui de la phrase. (*Jugez de ma simplicité !*)

Jouis. — Je le ferai. — Mais quand donc? — Dès demain.
— Eh! mon ami, la mort peut te prendre en chemin.

RÈGLE. — Le *tiret* (—) indique que c'est une autre personne qui parle. (*Jouis. — Je le ferai.*)

Puisses-tu réussir, c'est-à-dire, puisses-tu revenir bientôt!

RÈGLE. — Le *trait-d'union* (-) se met entre les mots composés (*c'est-à-dire*), et dans quelques autres circonstances. (*Puisses-tu! a-t-elle fini? rends-le lui, moi-même, celui-ci.*)

« O mon fils, me dit-il, pratique toujours la vertu. »

RÈGLE. — Les *guillemets* (« ») indiquent une citation.

(*Voyez le* QUESTIONNAIRE, *p.* 144.)

§ 4. DU POINT.

(Faites ponctuer les phrases suivantes, et faites rendre compte de la ponctuation.)

Le Nil est un grand fleuve d'Égypte.
L'Égypte est en Afrique.
L'Afrique est une des cinq parties du monde.
Autrefois, les nobles se glorifiaient de ne pas savoir écrire.

Qu'y a-t-il de plus beau? L'univers.
De plus fort? La nécessité.
De plus difficile? Se connaître.
De plus facile? Donner des avis.

Je veux voir si vous dites la vérité.

Dites ce que c'est qu'un substantif.

Demandez-lui ce que c'est que la vertu.

Veux-tu (*si tu veux*) devenir homme de bien, évite les méchants, fréquente les bons et ne demeure jamais oisif.
Desires-tu (*si tu desires*) apprendre à bien mourir, apprends auparavant à bien vivre.

A tous les cœurs bien nés que la patrie est chère!
Ah! que de biens découlent d'une bonne éducation, de cette source féconde et bienfesante.

« Voici présentement la lune, puis l'histoire d'Adam, d'Ève et des animaux..... Voyez, messieurs, comme ils sont beaux! Voyez. .. » Les spectateurs, dans une nuit profonde, écarquillaient leurs yeux et ne pouvaient rien voir.

AUTRES SIGNES ORTHOGRAPHIQUES.

Fallut dîner : car, malgré leurs chagrins
(Chétif mortel, j'en ai l'expérience),
Les malheureux ne font point abstinence.

La peste (puisqu'il faut l'appeler par son nom) fesait aux animaux la guerre.

Tirons au doigt mouillé. — Parbleu non! — Parbleu si! — Cède, ou bien tu verras! — Mais, tu verras toi-même!

Que dit-on? fera-t-on la guerre?
La mort n'a-t-elle pas toujours surpris et ne surprendra-t-elle pas toujours les hommes?
Lorsque sur la nature on règle ses besoins,
Combien s'épargne-t-on de travaux et de soins!

Louis XIV, apprenant la défaite de la flotte française à la Hogue, dit: « Ce n'est rien, pourvu que l'amiral Tourville soit sauvé. »

RÉSUMÉ ANALYTIQUE.

[Nous avons vu qu'il y a *huit* espèces de mots ou *parties du discours*, qui se divisent en mots *variables* et en mots *invariables*.]

On dit que les Phéniciens ont inventé les premiers caractères de l'alphabet.

RÈGLE. — Parmi les mots variables, les substantifs et les adjectifs sont susceptibles de *genre* et de *nombre*; les pronoms, de *genre*, de *nombre* et de *personne*; les verbes, de *nombre*, de *personne*, de *temps* et de *mode*.

Ainsi :

Le substantif *alphabet* est du masculin et au singulier.

L'adjectif.... *premiers* est au masculin et au pluriel.

Le verbe..... *ont inventé* est au pluriel et à la 3e personne du passé indéfini de l'indicatif.

Les plus hautes montagnes de la France la séparent de l'Espagne et de l'Italie.

RÈGLE. — Le SUBSTANTIF est toujours *sujet* d'un verbe, ou bien *complément* d'un verbe ou d'une préposition. — Le substantif *montagnes* est sujet du verbe *séparent*; le substantif *France* est complément de la préposition *de*.

L'ADJECTIF *détermine* ou *qualifie* toujours un substantif: il s'accorde en genre et en nombre avec ce substantif. (*Les* HAUTES *montagnes*.)

Le PRONOM, comme le substantif, est *sujet* ou *complément*; comme l'adjectif, il s'accorde en genre et en nombre (LA *séparent*).

Le VERBE exprime l'*action* ou l'*existence*. Il est *transitif* ou *intransitif*, *pronominal* ou *unipersonnel*, *régulier* ou *irrégulier*.

L'ADVERBE ajoute toujours à la signification d'un adjectif, d'un verbe ou d'un autre adverbe (PLUS *hautes*).

La PRÉPOSITION a toujours un complément (DE *la France*).

La CONJONCTION lie toujours un mot à un autre mot, ou une proposition à une autre proposition (*l'Espagne* ET *l'Italie*).

[N'oubliez aucune de ces remarques quand vous *analyserez* les mots d'une phrase, c'est-à-dire quand vous rendrez compte de ces mots considérés sous le rapport du genre, du nombre, des personnes, etc.]

(*Voyez le* QUESTIONNAIRE, *p.* 145.)

RÉSUMÉ ANALYTIQUE.

(*Faites souligner et analyser les mots variables sous le rapport du* GENRE, *du* NOMBRE, *etc.*)

L'AIR EST PESANT.

Le, adj. masc. sing.;
Air, subst. masc. sing.;
Est, verbe, à la 3e pers. du sing. du prés. de l'indic.;
Pesant, adj. masc. sing.

LE LABOUREUR BAT SON BLÉ PENDANT L'HIVER.

Le, adj. masc. sing.;
Laboureur, subst. masc. sing.;
Bat, verbe, à la 3e pers. du sing. du prés. de l'indic.;
Son, adj. masc. sing.;
Blé, subst. masc. sing.;
Pendant, prép.;
Le, adj. masc. sing.;
Hiver, subst. masc. sing.

(*Faites analyser sous le rapport du* SUJET, *du* COMPLÉMENT, *etc.*)

LES MAUVAISES HERBES SONT ABONDANTES PENDANT LES ANNÉES PLUVIEUSES.

Les, adjectif, déterminant *herbes*;
Mauvaises, adj., qualifiant *herbes*;
Sont, verbe, 3e pers. plur. du prés. de l'indic.;
Abondantes, adj., qualifiant *herbes*;
Pendant, prép.;
Les, adj., déterminant *années*;
Années, subst., complément de la prép. *pendant*;
Pluvieuses, adj. qualifiant *années*.

LES CHEMINS DE FER ET LES BATEAUX A VAPEUR PORTERONT BIEN HAUT LA GLOIRE DE LA FRANCE.

Les, adj., déterminant *chemins*;
Chemins, subst., sujet du verbe *porteront*;
De, prép.;
Fer, subst., complément de la prép. *de*;
Et, conj., liant le subst. *chemins* au subst. *machines*;
Les, adj., déterminant *machines*;
Machines, subst., sujet du verbe *porteront*;
A, prép.;
Vapeur, subst., complément de la prép. *à*;
Porteront, verbe transitif et régulier;
Bien, adv., modifiant *haut*;
Haut, adv., ajoutant à la signification de *porteront*;
La, adj., déterminant *prospérité*;
Prospérité, subst., complément du verbe *porteront*;
De, prép.;
La, adj., déterminant *France*;
France, subst., complément de la prép. *de*.

PONCTUATION, RÉSUMÉ ET ANALYSE.

RÉCAPITULATION.

La *Ponctuation* sert à indiquer les repos de la voix et les différentes parties d'une phrase.

La *Virgule* se place entre les sujets et les compléments du même verbe, entre les qualificatifs et entre les verbes qui se suivent. Elle sert aussi à séparer les parties d'une phrase : enfin, on met entre deux virgules toute proposition incidente.

Le *Point-Virgule* sépare deux phrases dont la seconde dépend de la première, et les parties de phrases qui expriment chacun un sens complet.

Les *Deux-Points* se mettent : 1° avant une phrase qui développe la phrase précédente ; 2° avant une énumération ; 3° avant une démonstration ; 4° avant une citation ; 5° enfin, avant un résumé.

Le *Point simple* se met à la fin de toutes les phrases complètes.

Le *Point interrogatif* se met après une phrase interrogative ; le *Point exclamatif* se met après une exclamation ou après une phrase qui exprime un violent sentiment de l'ame ; enfin les *Points suspensifs* indiquent une interruption dans le discours.

Les autres signes orthographiques sont les *Parenthèses* ( ), le *Trait de séparation* ou *Tiret* (—), le *Trait d'union* (-) et les *Guillemets* (« »).

Les substantifs et les adjectifs sont susceptibles de *genre* et de *nombre*.

Les pronoms, de *genre*, de *nombre* et de *personne*.

Les verbes, de *nombre*, de *personne*, de *temps* et de *mode*.

Le SUBSTANTIF est toujours *sujet* ou *complément*.

L'ADJECTIF s'accorde toujours en genre et en nombre avec son substantif.

Le PRONOM est toujours *sujet* ou *complément*. Il s'accorde en genre et en nombre avec le substantif qu'il remplace.

Le VERBE exprime l'*action* ou l'*existence*. Il est transitif ou intransitif, pronominal ou unipersonnel, régulier ou irrégulier.

L'ADVERBE modifie toujours un adjectif, un verbe ou un autre adverbe.

La PRÉPOSITION a toujours un complément.

La CONJONCTION lie toujours un mot à un autre mot, ou une proposition à une autre proposition.

PONCTUATION, RÉSUMÉ ET ANALYSE.

RÉCAPITULATION.

(*Dictez les phrases suivantes et faites rendre compte de chaque règle.*)

Le cœur, l'esprit, les mœurs, tout gagne à la culture.

La prudence, la sagesse, la modération sont des vertus essentielles, nécessaires, indispensables au bonheur des hommes.

La médecine est de la même date que les maladies; car, dèsqu'on les a senties, on a cherché à s'en délivrer.

Il ne faut jamais se moquer des misérables : qui peut s'assurer d'être toujours heureux?

C'est avec raison que l'on a dit : ceux qui se raidissent contre les difficultés les ont vaincues à moitié.

Ne sonnez pas les cloches pendant un orage.

Savez-vous que le bœuf a quatre estomacs?

Qu'il est beau de mourir pour la liberté!

Que l'homme est à plaindre! Hélas! à combien de maux n'est-il pas exposé!

Vous oseriez?... non, vous n'oserez pas.

Les malheureux (ils sont tous vos frères) n'ont-ils pas des droits à votre bienfesance?

Il lui disait : Êtes-vous content? — Non. — Pourquoi donc? — Parceque l'homme ne l'est jamais. »

(*Faites analyser sous le rapport du* GENRE, *du* NOMBRE, *etc.*)

La rosée rafraîchit la terre.

Le tonnerre tombe sur les arbres : il les fend en nombreux éclats.

Le corps de Napoléon repose maintenant sous le dôme des (*de les*) Invalides.

(*Faites analyser sous le rapport du* SUJET, *du* COMPLÉMENT, *etc.*)

Le jeu est permis après l'étude.

L'Océanie, nouvellement découverte, est la cinquième partie du (*de le*) monde.

La Belgique formait autrefois neuf départements de l'empire français.

Le commerce est un échange continuel : l'acheteur échange son argent contre la marchandise du vendeur.

PONCTUATION.

Demande. A quoi sert la *ponctuation*?

Réponse. La *ponctuation* sert à indiquer les repos de la voix quand on lit. Elle sert aussi à distinguer les parties d'une même phrase, et les phrases entre elles.

D. Par quoi sont indiqués les repos de la voix et les parties des phrases?

R. Par des *signes* de ponctuation.

§ 1. DE LA VIRGULE.

D. Qu'est-ce que la *virgule* indique?

R. Elle indique le plus petit de tous les repos.

D. N'a-t-elle pas différents emplois?

R. Oui :

1° Elle sépare les sujets d'un même verbe, comme *La modestie, la bonnefoi, la douceur sont des vertus.*

2° Elle sépare les compléments d'un même verbe, comme *Fuyez l'oisiveté, l'orgueil, le mensonge, la colère.*

3° Elle sépare les qualificatifs d'un même substantif, comme *Soyez modestes, laborieux, bienfesants, véridiques.*

4° Enfin elle sépare plusieurs verbes qui ont le même sujet, comme *Le travail profite, instruit, récrée.*

D. La virgule ne sert-elle pas à autre chose?

R. Elle sépare les diverses propositions d'une phrase, lorsque ces propositions ne renferment elles-mêmes aucun signe de ponctuation.

D. Quelles sont les propositions qu'on met entre deux virgules?

R. Ce sont celles dont le retranchement ne change pas le sens de la phrase principale, comme *La vie,* A DIT UN SAGE, *doit être la méditation de la mort.*

D. Faut-il séparer par une virgule deux parties semblables d'une proposition unies par une conjonction?

R. Non : la virgule ne doit pas séparer ce que la conjonction unit.

§ 2. DU POINT-VIRGULE.

Demande. Quelle est la valeur du *point-virgule?*
Réponse. Il marque une pause plus forte que la virgule.

D. Dans quel cas emploie-t-on le *point-virgule* entre deux propositions?
R. C'est lorsque la seconde dépend de la première.

D. Dans quel cas le *point-virgule* sépare-t-il différents membres d'une phrase?
R. C'est lorsque ces membres de phrase expriment, chacun, un sens complet, et qu'ils n'appartiènent qu'indirectemeut au sens total de la phrase.

D. De quel signe de ponctuation fait-on usage pour séparer des membres de phrase qui renferment des virgules?
R. On emploie alors le *point-virgule.*

§ 3. DES DEUX-POINTS.

D. Quelle est la valeur des *deux-points?*
R. Ils indiquent un repos plus long que le point-virgule.

D. Dans quel cas deux propositions sont-elles séparées par les *deux-points?*
R. C'est lorsque la seconde proposition sert au développement de la première.

D. Dans quelles autres circonstances fait-on usage des *deux-points?*
R. 1° On s'en sert avant une *énumération;* exemple : *Il aurait eu tout ce qui lui a manqué : réflexion, prévoyance, esprit d'ordre, etc.*

2° Avant une *démonstration;* exemple : *Cette observation est fondée : en effet....*

3° Avant un *discours* ou une *citation;* exemple : *Un auteur a dit : « Mon ami est un autre moi-même. »*

4° Enfin, avant une *récapitulation*, un *résumé;* exemple : *L'exercice, la sobriété, la gaité : voilà trois médecins qui ne se trompent jamais.*

§ 4. DU POINT.

Demande. A quoi le ***point*** sert-il ?
Réponse. Le ***point*** indique la plus forte de toutes les pauses.

D. Quand en fait-on usage?
R. A la fin de toutes les phrases complètes.

D. Quel est l'usage du ***point interrogatif*?**
R. Il se met à la fin de toute proposition qui renferme une interrogation.

D. Pourquoi ne faut-il pas de ***point interrogatif*** à la fin de cette phrase : ***On demanda si l'accusé était coupable.***
R. Parcequ'on ne fait pas de question : on dit seulement qu'une question a été faite.

D. Dans cette phrase : ***Un précepte est aride*, *il le faut embellir*,** faut-il un point interrogatif après ***un précepte est aride?***
R. Non : c'est comme si l'on disait : QUAND ***un précepte*,** SI ***un précepte est aride...***

D. Quel est l'usage du ***point exclamatif?***
R. Il se met à la fin d'une exclamation.

D. Dans quel cas emploie-t-on les ***points suspensifs?***
R. Lorsqu'il y a une interruption dans le discours.

AUTRES SIGNES ORTHOGRAPHIQUES.

D. Quel est l'usage des *parenthèses ?*
R. Les *parenthèses* servent à renfermer quelques mots dont le sens est, pour ainsi dire, étranger à celui de la phrase.

D. A quoi sert le ***tiret?***
R. Le ***tiret*** indique que c'est une autre personne qui parle.

D. A quoi sert le ***trait-d'union?***
R. Il se met entre les mots composés, comme ***c'est-à-dire*, *moi-même*, *celui-ci*,** et dans quelques autres circonstances.

D. Quel est l'usage des ***guillemets?***
R. Ils servent à indiquer une citation.

RÉSUMÉ ANALYTIQUE.

Demande. Combien y a-t-il d'espèces de mots?
Réponse. Huit.

D. Comment les divise-t-on?
R. En mots *variables* et en mots *invariables.*

D. Dites de quoi sont susceptibles les mots variables?
R. Les substantifs et les adjectifs sont susceptibles de *genre* et de *nombre;* les pronoms sont susceptibles de *genre*, de *nombre* et de *personne;* les verbes sont susceptibles de *nombre*, de *personne*, de *temps* et de *mode.*

D. Quelles fonctions les différentes espèces de mots remplissent-elles dans le discours?
R. Le SUBSTANTIF est toujours *sujet* d'un verbe, ou bien *complément* d'un verbe ou d'une *préposition.*

L'ADJECTIF *détermine* ou *qualifie* toujours un substantif. Il s'accorde en genre et en nombre avec ce substantif.

Le PRONOM, comme le substantif, est *sujet* ou *complément;* comme l'adjectif, il s'accorde en genre et en nombre.

Le VERBE exprime l'*action* ou l'*existence*. Il est *transitif* ou *intransitif*, *pronominal* ou *unipersonnel*, *régulier* ou *irrégulier.*

L'ADVERBE ajoute toujours à la signification d'un adjectif, d'un verbe ou d'un autre adverbe.
La PRÉPOSITION a toujours un complément.

La CONJONCTION lie toujours un mot à un autre mot, une proposition à une autre proposition.

D. Quand faut-il se rappeler le genre, le nombre, etc. de chaque espèce de mots
R. Quand on analyse les mots d'une phrase.

RÉCAPITULATION.

Demande. A quoi sert la *ponctuation?*

Réponse. La *Ponctuation* sert à indiquer les repos de la voix et les différentes parties d'une phrase.

D. Où place-t-on la *Virgule*, et à quoi sert-elle?

R. La *Virgule* se place entre les sujets et les compléments d'un même verbe, entre les qualificatifs et entre les verbes qui se suivent. Elle sert aussi à séparer les parties d'une phrase : enfin, on met entre deux virgules toute proposition incidente.

D. A quoi sert le *Point-Virgule?*

R. Le *Point-Virgule* sépare deux phrases dont la seconde dépend de la première; il sépare aussi les parties de phrase qui expriment chacune un sens complet.

D. Où met-on les *Deux-Points?*

R. Les *Deux-points* se mettent : 1° avant une phrase qui développe la phrase précédente; 2° avant une énumération; 3° avant une démonstration; 4° avant une citation; 5° enfin, avant un résumé.

D. Où le *Point simple* se place-t-il?

R. Le *Point simple* se met à la fin de toutes les phrases complètes.

D. Où se placent les autres sortes de *Points*, et à quoi servent-ils?

R. Le *Point interrogatif* se met après une phrase interrogative; le *Point exclamatif* se met après une exclamation ou après une phrase qui exprime un violent sentiment de l'ame; enfin, les *Points suspensifs* indiquent une interruption dans le discours.

D. Dites quels sont les autres signes orthographiques?

R. Les autres signes orthographiques sont les *Parenthèses* ( ), le *Trait de séparation* ou *Tiret* (—), le *Trait-d'union* (-) et les *Guillemets* (« »).

D. De quoi les mots variables sont-ils susceptibles?

R. Les substantifs et les adjectifs sont susceptibles de *genre* et de *nombre;*

Les pronoms, de *genre*, de *nombre*, et de *personne;*

Les verbes, de *nombre*, de *personne*, de *temps* et de *mode.*

D. Dites quelles fonctions les diverses espèces de mots remplissent dans le discours.

R. Le SUBSTANTIF est toujours *sujet* ou *complément.*

L'ADJECTIF s'accorde toujours en genre et en nombre avec son substantif.

Le PRONOM est toujours *sujet* ou *complément.* Il s'accorde en genre et en nombre avec le substantif qu'il remplace.

Le VERBE exprime l'*action* ou l'*existence.* Il est *transitif* ou *intransitif*, *pronominal* ou *unipersonnel*, *régulier* ou *irrégulier.*

L'ADVERBE modifie toujours un adjectif, un verbe ou un autre adverbe.

La PRÉPOSITION a toujours un complément.

La CONJONCTION lie toujours un mot à un autre mot, ou une proposition à une autre proposition.

ANALYSE GRAMMATICALE.

Les hommes instruits me paraissent dignes de la plus haute considération; mais je veux que l'homme savant joigne la vertu à la science.

Les.............. adjectif au masculin et au pluriel, parcequ'il détermine le substantif *hommes*.
Hommes......... subst. masc. plur., sujet du verbe *paraissent*.
Instruits........ adj. masc. plur., parcequ'il qualifie le subst. *hommes*.
Paraissent...... 3e personne plurielle du présent de l'indicatif du verbe intransitif *paraître*.
Me.............. (*pour* A MOI).
A.............. préposition.
Moi............ pronom de la 1re pers. sing. masc. (ou *fém.*), complément de la préposition *à*
Dignes.......... adj. masc. plur., qualifiant le subst. *hommes*.
De.............. préposition.
La.............. adj. féminin sing., déterminant *considération*.
Plus............ adverbe de quantité modifiant *haute*.
Haute.......... adj. fém. sing., qualifiant *considération*.
Considération.. subst. fém. sing. complément de la prép. *de*.
Mais............ conjonction, unissant la seconde proposition: *Je veux que l'homme*... à la première: *Les hommes instruits me paraissent*.....
Je.............. pronom de la 1re pers., sujet du verbe *veux*.
veux............ 1re pers. sing. du prés. de l'indic. du verbe transitif *vouloir* (1).
Que.............. conjonction, unissant la seconde proposition *L'homme savant*... à la première: *je veux*...
Le.............. adj. masc. sing. déterminant *homme*.
Homme.......... subst. masc. sing., sujet du verbe *joigne*.
Savant.......... adj. masc. sing. qualifiant *homme*.
Joigne........... 3e pers. du sing. du prés. du subjonctif du verbe transitif *joindre*.
La.............. adj. fém. sing., déterminant *vertu*.
Vertu........... sub. fém. sing., complément du verbe *joigne*.
A.............. préposition.
La.............. adj. fém. sing., déterminant *science*.
Science......... subst. fém. sing., complément de la prép. *à*.

(1) Il vaut autant ne pas analyser séparément le pronom et le verbe. Analysez donc ainsi: *Je veux*, 1re pers. sing. du prés. de l'indic. etc.

ANALYSE GRAMMATICALE.

Demande. Qu'est-ce que ***les***?

Réponse. C'est un adj. au masc. et au plur., parcequ'il détermine le subst. ***hommes***, qui est du masculin et au pluriel.

D. Qu'est-ce que ***hommes***?

R. C'est un subst. masc. plur., sujet du verbe ***paraissent.***

D. Qu'est-ce que ***instruits***?

R. C'est un adj. masc. plur., parcequ'il qualifie le subst. ***hommes.***

D. Qu'est-ce que ***paraissent***?

R. C'est la troisième personne plurielle du présent de l'indicatif du verbe intransitif ***paraître.***

(Et ainsi de suite.)

(***Faites aussi analyser les phrases suivantes.***)

Les hommes sont toujours contre la raison, lorsque la raison est contre eux.

Une machine est un instrument perfectionné.

Une promesse sans effet est un bel arbre sans fruits.

On clarifie l'eau avec du charbon (***l'eau*** pour ***la eau; du*** pour de ***le***).

Les connaissances nous portent à l'humanité (***portent*** NOUS ***à*** LA ***humanité***).

La tyrannie est faible et lente dans son commencement, comme elle est prompte et vive dans sa fin.

La vérité perce toujours les ténèbres qui l'environnent. (***Ténèbres*** est du fém.; — ***qui l'environnent***, pour qui ***environnent*** ELLE.)

Les plus petites machines font souvent mouvoir les plus grandes choses. (***Mouvoir*** est complément de ***font; — choses*** est complément de ***mouvoir.***)

Un tyran peut bien nous mettre dans les fers; mais il ne peut pas empêcher qu'on le haïsse. (***Mettre*** NOUS; — ***ne pas***, négation; — ***que on haïsse*** LUI.)

Examinez l'eau avec un microscope : vous y verrez une foule de petits animaux admirablement organisés.

Les femmes sont très rarement chauves, parceque la transpiration de la tête s'évapore à travers leur coiffure. (***A travers***, prép. composée.)

FIN.

Paris. — Imprimé par E. THUNOT et Cie, rue Racine, 28, près de l'Odéon.

www.ingramcontent.com/pod-product-compliance
Ingram Content Group UK Ltd.
Pitfield, Milton Keynes, MK11 3LW, UK
UKHW012227240726
13966UKWH00003B/991

9 782013 09388(